ITINÉRAIRES DE DÉCOUVERTES

CW01671563

LIEUX MYSTÉRIEUX EN BRETAGNE

TEXTE DOMINIQUE ROGER PHOTOGRAPHIES BRUNO COLLIOT

À Arnaud Maisonneuve

Editions OUEST-FRANCE

Sept-Îles
Île de Batz
Roscoff
Lannion
Trég
Pays Pagan
Cité d'Illiz Koz
Corréjou
Brignogan
Trevenec'h
Pont du Diable
Plouézoc'h
Ploumiliau
TRÉGORR
Île d'Ouessant
PAYS DE LÉON
Le Folgoët
Musée de Morlaix
Morlaix
Bégard
Ménez-Bré
Guing
Landivisiau
Landerneau
La Roche-Maurice
Ploudiry
La Martyre
Brest
Le Conquet
Pointe St-Mathieu
Monts d'Arrée
Forêt de Huelgoat
Monts d'Arrée
Bulat-Pestivien
Blavet
Huelgoat
PARC D'ARMORIQUE
Camaret-sur-Mer
Landévennec
Pointe de Pen-Hir
Presqu'île de Crozon
Crozon
Argol
Ménez Hom
Douffine
Aulne
Carhaix-Plouguer
Locarn
Kérien
Hyère
Canal de Nantes à Brest
FINISTÈRE
Rostrenen
Gouarec
Cap de la Chèvre
Châteaulin
Phare de Tévennec
Baie des Trépassés
Douarnenez
Montagnes Noires
Pointe du Raz
Meilars
Audierne
Goyen
Odet
Coadry
Ellé
Guéméné-sur-Scorff
CORNOUAILLE
Quimper
Rosporden
Isole
Scorff
Château de Kériolet
Château de Rustéphan
Concarneau
Pont-Aven
Quimperlé
Blavet
Pointe de Penmarc'h
Lanester
Lorient
Îles de Glénan
Pointe de Gâvre
Île de Groix
Presqu'île de Quiberon
Château Turpault
Belle-Île-en-Mer
Lieux mystérieux cités dans l'ouvrage
Château
Édifice religieux
Musée
Cimetière
Phare
Curiosité
Port
0
25
50 km

Pointe d'Agon
Île de Bréhat
Îles Chausey
Pointe du Roc
Granville
Villedieu-les-Poêles
Pointe du Grouin
Cap Fréhel
Rochers de Rotheneuf
BAIE DU MONT ST-MICHEL
BAIE DE ST-BRIEUC
Dinard
Saint-Malo
Le Mont-St-Michel
Avranches
Maison du Passeur
Mont-Dol
Saint-Brieuc
Dol-de-Bretagne
Corseul
Dinan
Canal d'Ille et Rance
Combourg
PENTHIÈVRE
CÔTES-D'ARMOR
Moncontour
LANDES DU MÉNÉ
Tombe de saint Lénar
Fougères
Andouillé-Neuville
Lac de Guerlédan
Loudéac
Merdrignac
St-Méen-le-Grand
Tombe aux Bouchons
Tombe aux Pochons
Pontivy
Forêt de Brocéliande
Rennes
Vitré
Josselin
Ploërmel
MORBIHAN
ILLE-ET-VILAINE
MAYENNE
La Guerche-de-Bretagne
Chapelle-Pagode
La Selle-Guerchaise
La Roche-aux-Fées
Canal de Nantes à Brest
LANDES DE LANVAUX
Ruffigné
Tombe à la Fille
Châteaubriant
Vannes
Redon
Golfe du Morbihan
LOIRE-ATLANTIQUE
Candé
Pointe du Conguel
La Roche-Bernard
Pontchâteau
Temple de Jérusalem
Nort-sur-Erdre
PARC DE BRIÈRE
Ancenis
Pointe du Croisic
PAYS NANTAIS
MAINE-ET-LOIRE
St-Nazaire
Nantes
PAYS-DE-RETZ
Lac de Grandlieu
Clisson
Machecoul

Avant-propos

« À ceux qui ont la chance de voir... »
Jules Paressant

« Un mystère, c'est la plus profonde chose qu'il y ait pour l'imagination humaine. »
Jules Barbey d'Aurevilly

« Sellit ! » (Regardez !)

L'ŒIL SECRET DE L'ARMORIQUE

On dit que les Bretons ont le goût des mystères immémoriaux. Qu'ils aiment cheviller leur quotidien sur le socle de vieilles légendes. Qu'ils tutoient volontiers le monde de l'occulte et côtoient, comme si la chose était naturelle, la figure effrayante de la mort, l'Ankou. On dit encore que la terre d'Armorique serait animée de courants telluriques extraordinaires, insufflant aux paysages une dimension magique, transfigurant la pierre d'apparence la plus banale en minéral sacré. Que sa nature « merveilleusement primitive » trace « la frontière intime de l'âme », selon l'expression poétique de Julien Gracq. On dit...

Vous pensez probablement que tout cela participe d'un certain « folklore » ?

Et pourtant... Des lieux mystérieux, en Bretagne, il en existe tant à découvrir. Pourquoi le sont-ils ? Mystère... et à vous, le plus sûrement, de le dire, de l'éprouver, de le comprendre.

Embusqué dans le repli d'un chemin creux, tapi dans l'épaisseur sombre d'une forêt, musé dans un ourlet de la lande ou étrillé sans pitié par un grand vent de « kornog » sur l'estran d'une grève, il convient d'aller à la rencontre de ces lieux « habités » tous vos sens en alerte. Y compris avec cet insoupçonné sixième sens. Les rochers sculptés de l'abbé Fouré à Rothéneuf, les pierres droites de Monteneuf, la forêt de Brocéliande, le Youdig des monts d'Arrée, le cairn de Barnenez, la cité engloutie d'Ys en baie de Douarnenez ou les géants de pierre de Locmariaquer vous « raconteront » sans trop attendre leur mystérieuse histoire.

Ailleurs, votre œil ne discernera de prime abord rien de singulier, d'insolite, d'inattendu. Mais, d'un coup, vos pas éveilleront d'étranges sensations : la curiosité, le recueillement, l'étonnement et parfois même la peur. Au hameau de Ménéham, enkystées dans l'anfractuosité des roches du pays Pagan, les ombres des pilleurs d'épaves semblent toujours rôder dès le soleil couché. À la pointe du Raz, la rumeur tempétueuse de la marée laisse sourdre d'inquiétants cris résonnant dans la conque que forme la baie des Trépassés. Sur les bords dolents de la Rance, cette crique en croissant de lune est surveillée par une adorable maison de granit... que vous découvrirez avoir été le témoin d'un égorgeur sans pitié !

Cet ouvrage ne veut pas être un guide « thématique » de plus, encore moins une sorte de dictionnaire, forcément raisonné, des sites et monuments estampillés « mystérieux », mais plutôt un itinéraire buissonnier. Pour mener à bien ce vagabondage, entre Armor et Argoat, l'émotion a été le fil conducteur. Le hasard, en admettant qu'il existe pour le promeneur, s'en est souvent mêlé. Aussi, à la recherche de quelques pierres debout dûment identifiées ou d'une fontaine réputée miraculeuse, nos pas nous ont sans crier gare poussés aux grilles de châteaux véritablement hantés. Nous ont fait rencontrer des personnages hors normes faisant pousser des arbres totems ou créant de leurs mains l'univers de leur rêve. Quand ils ne nous transformèrent pas en chercheurs improvisés, en Centre-Bretagne, de pierres croisées aux vertus protectrices...

À vous, maintenant, de tracer, de vivre, de rêver ou d'inventer vos propres chemins du mystère...

Dans les replis granitiques du pays Pagan sommeillent des histoires mystérieuses. En parfait mimétisme avec le paysage, cette maison de l'ancien village de Ménéham scrute la mer veilleuse...
Photo Dominique Roger

Ille-et-Vilaine

ROCHERS SCULPTÉS DE ROTHÉNEUF, UN ABBÉ ENLUMINEUR DE GRANIT

À 5 kilomètres à l'est de la cité corsaire de Saint-Malo, le sentier du littoral épouse les anfractuosités de la côte : pointe de la Varde, plage du Val et juste avant la pointe de Rothéneuf, signalée par le calvaire Notre-Dame-des-Flots, les rochers sculptés apparaissent.

Une bruine fine enveloppe la côte et réduit la visibilité à quelques dizaines de mètres seulement. À flanc de falaise, malgré la morsure du vent, les embruns mêlés aux rafales de pluie, une silhouette sombre, un homme vêtu de noir, de forte corpulence et agenouillé, martèle, pitonne, excave la roche d'un pan de la falaise granitique. Il semble comme imperturbable au tumulte des éléments. Lorsque le vent porte, on parvient

Page de gauche

L'abbé Fouré peut reposer en paix, le Grand Pointu, l'un des trois cents personnages de la saga des pirates de Rothéneuf sculptés par l'homme de Dieu, surveille l'océan.

Photo Dominique Roger

Durant vingt-cinq ans, un étrange prêtre-ermite s'acharna à faire surgir d'une ingrate falaise plus de trois cents créatures fantastiques, contant la folle épopée d'une famille de pirates.

Photo Dominique Roger

Le « saint sculpteur » accueillait des visiteurs. Il les recevait dans un grand fauteuil surmonté de la devise : « Amor et dolor ».

Photo Dominique Roger.
Carte postale ancienne : Collection Dominique Roger.

à entendre les coups sourds d'une masse, assénés avec force et précision, respectant un rythme quasi métronomique. À y regarder plus attentivement, ce vêtement qui claque au vent est une soutane de prêtre. D'un mouvement brusque, il se relève, prend un peu de recul comme pour juger du travail accompli, la roche glissante semble se dérober sous ses pieds mal assurés à chacun de ses pas. Le visage, couvert de fines particules d'eau, est tendu sous les traits fatigués, mais l'expression profonde est radieuse. Le rideau de pluie se fait plus intense. La scène se dilue, s'estompe, disparaît. Le fantôme de l'abbé vient de passer...

Adolphe Fouré naît en 1839. Après des études au séminaire, il est ordonné prêtre à Rennes. Il mène une vie ordinaire de simple curé lorsqu'à la cinquantaine une attaque cérébrale le laisse en partie hémiplégique, et probablement sourd et muet. Cet accident bouleverse si profondément

le destin de ce brave homme de Dieu, qu'il décide de se retirer en quelque sorte du monde des hommes pour vivre en ermite. De se murer en lui-même pour mieux trouver la vérité divine... Il pose finalement son maigre havresac entre Saint-Malo et Cancale, sur une portion de côte exposée aux flots de la Manche, à l'entrée du havre de Rothéneuf. Il s'établit dans une baraque, s'autoproclame « ermite de la Haute-Folie » et commence à sculpter souches de bois, nœuds de racines, bois flotté. Les formes prolongent l'œuvre de la nature. Oiseaux au long bec, saints de gloire, totems... prennent place dans « son » monde.

Poussé par la parole de Dieu, l'ermite ne tarde pas à entamer une œuvre autrement plus ambitieuse, autrement plus démesurée : donner vie aux rochers de granit de la falaise de la Haute-Folie. À cet emplacement, il y aurait eu à l'origine une chapelle, ou un oratoire, dédié à saint Budoc, présupposé patron des pilleurs d'épaves. La légende du curé raconte même que c'est la découverte du tombeau de saint Budoc qui lui aurait donné l'envie de prendre, ici même, racine.

Armé de ses seuls outils – burins, ciseaux, marteaux – il veut réaliser, pour ses fidèles, une fresque édifiante dénonçant les forces du Mal, un catalogue des vices humains. Pour mener à bien son dessein, l'abbé choisit de raconter l'histoire de la famille des Rothéneuf, corsaires et contrebandiers de père en fils qui écumèrent la côte à partir du XVIe siècle.

Œuvre unique au monde, les rochers sculptés n'ont rien perdu de leur touchante folie. Les calamités naturelles ont évidemment érodé une partie des reliefs, gommé définitivement les couleurs vives (belle polychromie de rouge, de bleu, de vert) qui faisaient ressortir les perspectives et les modelés des têtes.
Photo Dominique Roger

Les Rothéneuf, qui avaient transformé cette portion de la côte en un fort retranché, sont tous représentés le regard scrutant le large…
Photo Dominique Roger

Pendant plus d'un quart de siècle, chaque jour, du matin jusqu'au soir, ce « fou de Dieu » va utiliser les moindres formes de la roche pour inventer, improviser son incroyable galerie de trois cents personnages, disposés en des scènes expressives sur près de 600 mètres carrés rocheux.

Entailler l'épiderme du granit exige une force physique et une endurance titanesques. En dépit de ses handicaps, Fouré les a, et décuplées même ! Les premiers personnages sortent de son imagination si singulière, si surprenante pour un homme d'Église. M. de Rothéneuf trône le premier dans la galerie de portraits. À ses pieds se tapissent des monstres marins, holothuries abyssales, des poissons aux dents tueuses, des figures grimaçantes, mi-humaines mi-bêtes, représentant le démon, les Enfers, Lucifer. Tout autour du chef de clan, les vieux loups de mer, pêcheurs-flibustiers qui cinglaient toutes voiles dehors à bord de leurs « Flèches des flots », navires rapides et maniables, véritables cauchemars de ceux qui se trouvaient sur leur route, Anglais en tête.

La puissance d'évocation des sculptures, leur expressivité teintée à la fois de naïveté et de fantasmagorie forment un catéchisme

de pierre, au symbolisme moralisateur appuyé. Si la dimension artistique de cette œuvre monumentale est incontestée, il est plus vraisemblable que l'abbé Fouré rechercha plutôt à créer, avec cette immense fresque allégorique des mœurs de son temps, une œuvre de pure piété. C'est ainsi que l'ermite acceptait bien volontiers de briser son vœu de solitude en recevant le public le jour du Seigneur. L'atelier comportant les sculptures en bois se visitait également (celui-ci disparaîtra, en 1940, dans un incendie aux origines restées bien mystérieuses...).

L'abbé Fouré décédera à l'âge de 71 ans en 1910.

Adolphe Julien Fouéré, dit l'abbé Fouré, a sculpté dans le roc des saynètes mettant en scène tant des figures d'une famille imaginaire de corsaires et de contrebandiers que des personnages historiques malouins ou célèbres de son époque, des saints bretons légendaires, des animaux fabuleux. Que semble nous dire du regard cette curieuse vache ?

A gauche, photo Dominique Roger

LE MONT DOL

Quand la pierre parle du sacré

Sur le sommet du mont Dol, vigie de la baie du Mont-Saint-Michel, plus que le vent, c'est le souffle épique de la légende qui réveille le souvenir de Gargantua, de l'archange saint Michel et du diable. Le granit de « l'île de pierre » en a conservé témoignage.

Aux abords immédiats de la chapelle Notre-Dame d'Espérance, la roche livre des épisodes de la lutte qui opposa saint Michel à Satan...

Entre le Mont-Saint-Michel et Saint-Benoît-des-Ondes, une route-digue épouse le tracé rectiligne et plat de la baie. D'un côté, la mer à perte de vue ; de l'autre, le « marais » dolois qui étire ses étroites lanières de parcelles cultivées entrecoupées par un réseau de canaux de drainage et un chevelu de ruisseaux. Difficile de croire qu'avant qu'un raz de marée n'envahisse ce morceau de terre et livre le mont Dol à l'insularité s'étendait ici la légendaire forêt de Scissy...

Rocher de granulite culminant à 65 mètres d'altitude, le mont Dol a de tout temps été une « montagne sacrée », siège de cultes religieux les plus divers. La plus importante de ces consécrations s'est déroulée à l'époque gauloise et gallo-romaine avec le culte de Jupiter. De ce dieu celtique, assimilé par les Romains, on sait qu'il était également dénommé Taranis ou Sucellos. La divinité porte la barbe et est généralement dotée d'objets emblématiques : un marteau ou une massue, une roue symbolisant la dimension cosmique de son pouvoir. Dieu bienveillant, proche des hommes, il veut être le garant de l'harmonie des rapports sociaux ainsi que le protecteur des forces du Mal menaçant le monde.

Lorsqu'en 508 le moine Samson débarque d'outre-Manche, il accoste au mont Dol avec la ferme intention d'élever un sanctuaire à saint Michel, qui terrassa le dragon de l'Apocalypse. En quelque sorte, il « christianisait » un site déjà réputé comme un haut lieu de croyance. Le mont deviendra ainsi l'un des premiers lieux de culte archangélique en Occident.

De saint Michel, la légende dit qu'il affronta le diable justement sur la cime du mont Dol. Au cours de l'assaut, le diable est jeté sans ménagement dans le vide. L'archange le poursuit, fend d'un coup d'épée le flanc de la montagne et le précipite dans la profonde brèche ouverte. Vainqueur, saint Michel prend son élan et rejoint d'un saut le Mont-Saint-Michel. Le granit garde visible son empreinte.

Aujourd'hui, quand vous vous serez hissé au sommet du mont Dol, amusez-vous à passer au peigne fin les signes secrets qu'il recèle. Là, ce rocher strié d'entailles serait dépositaire des griffes du démon ; ici, lorsque la lumière rasante d'une fin de journée frappe cet autre roc et donne du relief aux choses, découvrez trois croix gravées qu'il est plus facile d'attribuer à saint Samson. Ailleurs encore, c'est un tout petit étang, ne s'asséchant jamais, qui intrigue ou les traces supposées du premier sanctuaire chrétien qui interpellent.

Le mont Dol, « montagne sacrée », fut jadis une île, comme le Mont-Saint-Michel. Avant cette invasion marine, s'étendait ici la légendaire forêt de Scissy.

Un menhir pour un « champ de douleur »

Au sud de la ville de Dol se trouve l'un des plus beaux et l'un des plus légendaires menhirs d'Armorique : le Champ-Dolent. Pour vous y rendre, sortez de Dol-de-Bretagne par la route de Combourg (D 795), arrivé au carrefour du Pont-Baudry, prenez la toute petite voie secondaire sur la gauche, le menhir de granit rose, de 8,60 mètres de haut, se dresse bientôt au milieu d'un champ. Parmi les explications étymologiques, on retiendra celle de *campus doloris*, « champ de douleur ». Une légende dit en effet qu'ici, au hameau de Carfantin, se serait déroulée une bataille fratricide si effroyable que le Guyoult, petit fleuve côtier, coulait rouge de sang. Les dieux ne pouvant tolérer plus longtemps le massacre décidèrent de stopper le carnage en faisant tomber du ciel une pierre monumentale. La roche céleste s'enkysta avec fracas dans le sol, mettant une fin immédiate au combat. Depuis ce temps, le menhir, que la population locale christianisera, s'enfoncerait dans le sol à raison de quelques centimètres par an. Lorsqu'il aura totalement été enseveli, la fin du monde, affirme-t-on, sera toute proche.

LA MAISON ENSANGLANTÉE DU VAL DE RANCE

La petite grève de la Passagère, enchâssée à l'abri de la pointe du Grouin, sur la rive droite de la Rance à quelques encablures du barrage de l'usine marémotrice, est un havre pour tous les Malouins en quête de tranquillité. Veillant sur la ria et l'île Chevret, la maison du passeur garde toujours son sanglant mystère. Marcel Thual, le dernier passeur de la Rance qui délaissa dames de nage et rames de son doris au début des années 1950, nous avait conté cette lugubre histoire...

Au matin du 8 décembre 1790, un couple de paysans de Pleurtuit, un clerc de notaire se rendant à Dinard et deux colporteurs quittant le Clos-Poulet patientent à la cale de la Passagère. Le froid est vif, piquant. Il flotte au-dessus de la rivière une couche de brouillard, grisâtre et cotonneux. Ils attendent d'embarquer pour « l'autre côté de l'eau », à destination de La Jouvente, sur la rive gauche de la Rance. Le paysan fait retentir la cloche d'appel à plusieurs reprises, nerveusement. De longues minutes s'écoulent, sans que le passeur ne se manifeste. À court de patience, les colporteurs s'en viennent tambouriner à la porte de la demeure. Celle-ci reste close. À l'intérieur, tout est silence. Inquiets, ils parviennent à forcer la porte et découvrent, horrifiés, le corps ensanglanté d'un homme, la tête littéralement déchiquetée. À ses côtés, deux femmes, un garçonnet et une fillette, âgés d'à peine 10 ans, baignent dans leur sang. Malgré la raideur cadavérique des

suppliciés, les crimes semblent récents.

Alors qu'un des colporteurs cavale prévenir la maréchaussée, tout à coup, au fond de la pièce principale du rez-de-chaussée, un bruit fit sursauter l'assemblée. Le bruit vient d'un entassement de longues planches de bois, enchevêtrées de guingois. Une petite fille, 4 ou 5 ans maximum, apparaît. Sur son visage se lit l'effroi.

Moins d'une heure plus tard, la Passagère est aux mains des forces de l'ordre et de la justice. Jean Le Gall, originaire de Plounevez près de Tréguier et exerçant la profession de passeur, son épouse, Guillemette Ruche, la domestique âgée de 22 ans, Jean et Guillemette, deux de leurs enfants, ont été victimes d'un assassinat collectif. « Très probablement lié à la contrebande de tabac, nous avons déjà un témoignage précieux allant dans ce sens », déclare solennellement le chef de la police du district de Saint-Malo.

Épilogue

L'affaire sera placée dans les mains du tribunal de Saint-Malo. On arrêta en 1791 un dénommé Pierre Garçon, batelier âgé de 58 ans, demeurant quai Trichet. Il sera accusé d'avoir participé, en compagnie de trois complices demeurés introuvables, au massacre de la famille Le Gall. Condamné à mort, il fera appel et sera finalement relaxé. Il mourra à Saint-Servan en 1808. Le crime ne fut jamais élucidé.

Sur la rive droite de la Rance, l'anse de la Passagère s'ouvre sur une petite plage en demi-lune, sur laquelle veille une coquette maison de pays. Mais attention à la douceur du décor. La paix qui y règne ne fut pas toujours au rendez-vous. Au XVIIIe siècle, cette maison du passeur de la Rance fut surnommée, en raison d'un fait divers atroce, la « maison de l'égorgeur ».

La silhouette romantique du château de Combourg ne doit pas vous tromper. Derrière ces épaisses murailles, les fantômes hantent les lieux depuis toujours.

CHÂTEAU DE COMBOURG, UN CHAT MALÉFIQUE, UNE JAMBE DE BOIS FANTOMATIQUE ET UN VAMPIRE DE PIERRE

Si d'aventure vous croisez un chat noir sur le chemin qui vous emmène aux lourdes grilles du château de Combourg, suivez-le tel un présage... celui, peut-être, de lever le voile sur un mystère qui faisait frémir le jeune François-René de Chateaubriand.

Il en est des lieux comme de certaines personnes, il vaut mieux ne les aborder qu'avec quelques précautions. Ainsi, il est préférable d'arriver à Combourg par le sud de la ville (D 82 ou D 795), alors que le brouillard du petit matin fait danser ses fumerolles cotonneuses au ras des eaux dormantes d'un vaste étang. Chateaubriand, sûrement sensible à la mélancolie du lieu, le baptisera le lac Tranquille. Toisant l'onde argentée du lac du haut de la motte naturelle sur laquelle elles ont été érigées, les quatre massives tours de granit sombre, coiffées en poivrière et couronnées de mâchicoulis, semblent saillir d'une futaie enténébrée. Le lieu ne manque d'impressionner et de parler à l'imaginaire. Et en vous rapprochant de l'entrée du château, vous entrerez également de plain-pied dans une lugubre légende...

Fondé au début du XIe siècle par Rivallon Vieille Chèvre, frère cadet de l'archevêque de Dol Junkeneus, l'édifice originel ressemble à une solide forteresse qui passera, au XIVe siècle, aux mains de la famille de l'homme de guerre breton Bertrand Du Guesclin. Au XVIIIe siècle, c'est le comte René-Auguste de Chateaubriand qui prend possession du château et de tout un comté. On dit qu'il acquit le domaine avec le produit des prises de ses corsaires durant la guerre de Sept Ans. Toute la famille s'installe à Combourg en 1777. Ce père si redouté, le jeune François-René ne le verra heureusement qu'assez peu, vivant auprès d'une mère distante et de quatre sœurs, dont Lucile qu'il aime tant. Les longues soirées d'automne et d'hiver sont rythmées des mêmes occupations. La promenade du père, que l'on entend plus qu'on ne la suit des yeux tant l'éclairage prodigué par les chandelles est faible et vacillant ; la chape de silence imposée par le patriarche ; la respiration lancinante du vent s'engouffrant dans les longs couloirs et les escaliers des tours, tantôt « murmure des ténèbres », tantôt « mugissements violents ». Et puis, immuable, le rituel du coucher, prétexte à l'expression de peurs tout enfantines, qui pour apparaître irrationnelles semblent se fonder sur des faits troublants.

« Avant de me retirer, elles me faisaient regarder sous les lits, dans les cheminées, derrière les portes, visiter les escaliers, les passages et les corridors voisins. Toutes les traditions du château, voleurs et spectres, leur revenaient en mémoire. Les gens étaient persuadés qu'un certain comte de Combourg à la jambe de bois, mort depuis trois siècles, apparaissait à certaines époques, et qu'on l'avait rencontré dans le grand escalier de la tourelle, sa jambe de bois se promenait aussi quelquefois seule avec un chat noir. Ces récits occupaient tout le temps du coucher de ma mère et de ma sœur : elles se mettaient au lit mourantes de peur » (*Mémoires d'outre-tombe*).

« Relégué dans l'endroit le plus désert, à l'ouverture des galeries, je ne perdis pas un murmure des ténèbres [...] À quatre heures du matin, la voix du maître du château, appelant le valet de chambre à l'entrée des voûtes séculaires, se faisait entendre comme la voix du dernier fantôme de la nuit » (Chateaubriand, *Mémoires d'outre-tombe*).

Le chat momifié, qui a été exhumé de la maçonnerie, confère à la légende du château une réalité des plus effrayantes...

Dans le logis sud datant du XIVe siècle, la tour au Chat, la plus reculée et isolée de toutes, où François-René a sa chambre, était en effet réputée dans tout le comté en raison d'une histoire de chat noir, rôdeur aux pattes de velours, que l'on entend à peine et dont on ne croit voir, subrepticement, qu'une ombre glissant fugitivement sur les murs. Dans le sillage du maléfique félin ne tardait jamais à se profiler une jambe de bois, frappant à un rythme métronomique le dallage de pierre qui amplifiait chaque coup sec et lourd.

Étrange légende qui vous laisse perplexe ? Sachez tout de même que le chat noir aurait bel et bien existé. Son corps momifié a été retrouvé à l'occasion de travaux de restauration en 1876. Ce rite « magique », qui consistait à emmurer vivant un animal – voire un enfant mort-né – dans la construction afin de conjurer le mauvais sort, était relativement fréquent durant le Moyen Âge, ce qui est plus surprenant est qu'il s'agisse d'un chat, créature supposée impure, entretenant des relations avec Satan, se réunissant en sabbats.

Quant à l'origine de la jambe de bois fantôme, elle demeure, elle aussi, des plus énigmatiques... On sait qu'un certain seigneur de Combourg, Malo-Auguste de Coëtquen, fut amputé d'une jambe à la bataille de Malplaquet en 1709, épisode des plus sanglants de la guerre de Succession d'Espagne. Mais l'explication « historique » est insuffisante. Le thème du seigneur amputé d'une jambe puise sa source dans une mythologie plus complexe et plus universelle. Mutilé, le roi est déchu de son pouvoir absolu. Dans l'incapacité de chevaucher sa monture, il perd toute autonomie, ne peut plus s'en aller guerroyer, ni surveiller ses terres. Sa mutilation signifie également une sorte de castration symbolique rendant le monarque de droit divin incapable de garantir la fertilité de son royaume.

Enfin, avant de quitter le château, attardez-vous dans la courtine nord et scrutez attentivement les montants et linteaux de porte afin d'y découvrir une sculpture qui ne manque d'intriguer : celle d'une chauve-souris aux ailes déployées. S'il est fréquent sur les façades et les intérieurs des maisons d'autrefois de décrypter des signes et symboles représentant des esprits tutélaires, ces figures dites apotropaïques représentent toujours une image positive, sorte de porte-bonheur, de force spirituelle pour les propriétaires qui désiraient neutraliser les maléfices d'une nature ambiante où rôdent des forces obscures : têtes humaines (veilleur de pierre, génie domestique bienfaisant), feuilles de chêne, motifs géométriques comme la spirale (symbole des rythmes répétés de la vie) ou le losange (symbole de fécondité)...

Là, la signification de la présence de cet animal de l'ombre, qui dans le bestiaire médiéval est une incarnation des comportements maléfiques, suscite bien des interrogations...

A vivre ses jeunes et solitaires années dans ce décor si inquiétant, on ne s'étonnera pas que Chateaubriand, âme tourmentée, encline à une mélancolie tutoyant souvent l'exaltation, inventât le romantisme...

Dans l'obscurité de la courtine nord, sa présence, aussi discrète que glaçante, pèse sur le visiteur qui s'attarde. Levez les yeux et repérez une chauve-souris aux ailes déployées. Un chat, un vampire... le bestiaire est à Combourg résolument démoniaque.

La fontaine de Margatte

À l'une des extrémités du lac Tranquille se situe la fontaine de Margatte. C'est là que Rivallon, seigneur de Combourg, fit un matin la rencontre d'un homme de très petite taille, mi-nain mi-lutin, dont la longue barbe blanche était tout empêtrée dans un buisson de ronces. Rivallon s'échina à libérer le pauvre hère. Remis de ses émotions, ce dernier raconta qu'il s'était mis lui-même dans ce mauvais pas en voulant dérober une pierre blanche aux pouvoirs merveilleux, dont celui d'arrêter les eaux de la fontaine. Quelque temps s'est écoulé lorsque Rivallon tombe nez à nez avec une vieille femme au dos cassé, vêtue de guenilles, qui lui refuse le passage. Pressé et pas habitué à ce qu'on ne s'efface pas devant lui, le seigneur combourgeois s'emporte et injurie l'impudente. Celle-ci réplique que puisqu'il en est ainsi, que les eaux de la Margatte soient libérées et envahissent la ville et le château. Sur-le-champ, le flot commence à submerger la vallée du Limon. Rivallon se souvient alors du petit homme secouru près de la fontaine. Arrivé sur les lieux, il trouve la pierre blanche, la jette dans la fontaine. L'inondation cesse.

Dans le cimetière Nord de Rennes, la « tombe aux bouchons », est dépositaire d'un culte des plus étranges…

LES SAINTS LAÏCS : CHACUN CHERCHE SON SAINT…

En Bretagne, chacun cherche son saint… Chapelles, fontaines, sources, pierres, sépultures ont de tout temps représenté des lieux de dévotion, attirant des foules ferventes se remettant au bon vouloir de saints protecteurs. Si, de nos jours, on hésite à laver collectivement ses maux aux sources des eaux miraculeuses ; si les grandes processions se sont pour beaucoup « folklorisées » pour se transformer en des « évènements » touristico-médiatiques, en revanche, les pratiques perdurent et, comme l'écrit Hippolyte Gancel dans *Les Saints qui guérissent en Bretagne*, « la discrétion s'est introduite dans les pratiques modernes ».

Les pratiques cultuelles d'une incroyable richesse touchent également, et parfois d'une manière très surprenante, des saints « laïcs », bien peu catholiques, canonisés par la *vox populi*. Les histoires que nous allons vous conter en témoignent avec originalité…

Rennes, juillet 2007.

Serge m'avait cueilli à froid, avec dans la voix une note de reproche. « Vous écrivez un livre sur les lieux de mystère en Bretagne et vous n'allez rien raconter sur notre "tombe aux bouchons" ? » J'ai dû lui balbutier le genre de réponse que l'on improvise en pareille situation de « flagrant délit » d'ignorance ! Bien sûr que je vais en parler mais… En fait, la réflexion de mon interlocuteur, ancien employé des pompes funèbres à Rennes, avait piqué au vif ma curiosité. Il me fallait en savoir plus sur les secrets de cette sépulture. Je profitai d'un mois de juillet maussade pour me rendre au cimetière Nord de Rennes : créé au XVIIIe siècle, il s'étend sur plus de 8 hectares, dénombre quelque quatorze mille sépultures qui retracent l'histoire de la ville : mosaïstes italiens, François-Charles Oberthur...

À l'entrée du cimetière, le gardien apprécie d'un coup d'œil exercé chaque nouvel hôte du silencieux pré carré sur lequel il veille. Je m'approchai de lui. Les civilités d'usage effectuées, je lançai la conversation sur l'objet de ma quête : la tombe aux bouchons. Ce qui le fit sourire : « Si vous me demandez comment vous y rendre, c'est que vous ne venez pas pour la même chose que les autres. Ceux qui croient n'ont jamais besoin de mes services. Ils trouvent ce qu'ils cherchent sans rien demander à personne. C'est leur histoire personnelle, ça ne regarde personne. Un point, c'est tout. » « Et, osai-je, que viennent-ils chercher ? » Un « suivez-moi » quasi complice allait peut-être me permettre de déchiffrer la mystérieuse pratique...

De l'allée, nous apercevons au pied de la tombe une femme, une petite soixantaine d'années, le dos courbé et une canne à ses côtés. Mon guide précipite le pas et me fait signe de rester un peu en retrait. Arrivé près d'elle, il la salue, engage la conversation et semble parlementer avec elle. Le gardien me fait signe de les rejoindre. Sur la tombe portant le nom de Joseph-Marie Thébault, décédé en 1860, cinq bouchons de liège, du type de ceux que l'on trouve sur n'importe quelle bouteille de vin, des rondelles de bouchon jonchent le granit de la sépulture. Certains portent des signes distinctifs, sur l'un d'entre eux on peut lire : « Pour Alain A. ».

Thérèse sort de sa poche un bouchon, le dépose dans une coupelle, se recueille et reprend son chemin.

Rassurée par la présence du gardien, Thérèse nous dit venir sur la tombe de cet ancien curé doyen de la paroisse Saint-Sauveur de Rennes tous les jours depuis trois ans. « J'ai toujours entendu dans ma famille que ce bon curé avait le pouvoir de guérir les personnes ayant un problème avec l'alcool. Pourquoi exactement ? Difficile de vous répondre. On dit que lui-même avait connu des soucis avec le vin et qu'il a beaucoup fait pour les fidèles atteints de cette maladie. À sa mort, un notable rennais, aussi en vue qu'il était régulièrement alcoolisé, aurait déposé sur la sépulture toute fraîche de l'abbé un bouchon de sa meilleure et dernière bouteille, exhortant le prêtre à le libérer *post mortem* de ses souffrances. Son vœu fut exaucé. Depuis, on voue un véritable culte, toujours très vivace, à Joseph-Marie Thébault... »

Sur l'assiduité de Thérèse, nous resterons muets. Mais, nous assure-t-elle, la « tombe

Dans le cimetière Nord de Rennes, « la tombe aux pochons », où repose la Dame de Coëtlogon, est le théâtre d'intriguantes dévotions : il s'agit pour l'officiant d'accrocher un « pochon » empli d'une poignée de terre à la croix ou au lierre qui dévore la sépulture.

aux bouchons » possède de réels pouvoirs de guérison qui intrigueraient plus d'un membre du corps médical…

Dans le même cimetière, à quelques allées de là, une autre tombe ne manque d'intriguer : on la connaît sous le nom de la « tombe aux pochons ». Sur la pierre tombale est gravé le nom de la dame de Coëtlogon, épouse de René de Coëtlogon, gouverneur de Bretagne. Décédée le 14 octobre 1677 en odeur de sainteté, elle est inhumée dans la chapelle des Carmes à Rennes. Lorsque le petit sanctuaire est démoli, en 1798, son corps est transféré au cimetière de Rennes. C'est alors que l'on découvre, sans qu'aucune explication rationnelle ne soit avancée, que la dépouille est intacte… Depuis, l'aristocrate est vénérée comme une sainte. Le jour où je visitais le cimetière, une jeune femme et sa petite fille étaient agenouillées devant la tombe, occupées à remplir de terre un sachet en plastique (un pochon). Celui-ci, pour conjurer « les états fiévreux », devra être porté en permanence autour du cou pendant neuf jours, soit le temps d'une neuvaine, qui est habituellement une prière où l'on demande l'intercession de la Vierge Marie, du Christ ou de l'Esprit-Saint. À l'issue de cette neuvaine, il faut revenir sur la tombe pour accrocher au feuillage qui entoure la croix le pochon. Le mal est ainsi conjuré. Du moins, c'est ce que les pèlerins ne manqueront de vous affirmer, exemples concrets et vécus à l'appui…

Le tombeau de saint Lénar, également connu sous le nom de saint Léonard, à Andouillé-Neuville.

Saint Lénar ou le vaurien repenti

« Je préfère vous prévenir, car vous n'allez pas en revenir : là-bas, c'est la Toussaint tous les jours ! » Yvon, retraité, a toujours exercé une double « profession » : agriculteur et rebouteux, jusqu'à se forger une enviée renommée. « C'est juste un don, une histoire de fluide que je tiens de ma grand-mère. Pour guérir les gens qui souffrent, il faut savoir surtout être à leur écoute. Croyez-moi, j'ai bien souvent soulagé les blessures du corps en écoutant celles de l'âme. Voilà tout. »

Depuis Rennes, la D 175 s'échappe en ligne droite vers Sens-de-Bretagne. Après Saint-Aubin-d'Aubigné, nous roulons au ralenti, tout accaparés à repérer la tombe de saint Lénar (dit aussi saint Léonard), sise le long de la route à hauteur d'Andouillé-Neuville. La tombe localisée, nous abandonnons la voiture. Cette simple nécropole, aménagée dans une sorte de clairière à laquelle mène une allée en gravier, déborde de fleurs fraîches ; les abords de la croix et de la pierre tombale sont jonchés de plaques votives et d'ex-voto aux remerciements des plus fervents. L'histoire de saint Lénar remonte au XIXe siècle. Le folkloriste Paul Sébillot le mentionne déjà dans ses écrits sur la Haute-Bretagne. Lénar est un vaurien qui tue le temps en commettant des tours pendables. Sûrement plus bête et désœuvré que foncièrement méchant, il est craint de ses contemporains. À commencer par les charretiers sur lesquels il aime à s'acharner.

Arrive un jour où Lénar est subitement tenté d'offrir un plus droit chemin à son médiocre destin. Alors qu'il vadrouille dans la campagne, il tombe nez à nez avec des charretiers salement embourbés au mitan d'un chemin creux. Le sort en est jeté, voilà l'occasion rêvée de se racheter en aidant ces malheureux en difficulté. Lénar presse le pas, se dirige droit vers le convoi. Les charretiers le repèrent et se préparent à le recevoir. L'un d'eux, qui eut à pâtir hier d'une de ses exactions, ragaillardi par la supériorité numérique et dopé par le désir de vengeance, empoigne un bâton bien noueux et lui assène sans crier gare un coup mortel. Dans son agonie, Lénar confie son désir de rédemption. Dès lors, Lénar, qui fut enterré sur place, accéda au statut de saint dans la population. Encore aujourd'hui, on se déplace de toute la Haute-Bretagne pour invoquer saint Lénar, que l'on souffre de tous les maux de la terre ou que l'on souhaite lui soumettre des problèmes personnels. Yvon, familier des lieux, nous affirme que deux à trois mille pèlerins honorent bon an mal an la tombe de ce mauvais garçon devenu le meilleur des saints.

La « tombe à la fille »

Au cœur de la forêt de Teillay, la tombe de sainte Pataude attire toujours de fervents pèlerins.

Au sud de Bain-de-Bretagne, au cœur de la forêt de Teillay, se trouve une tombe que la population locale connaît sous le nom de « tombe à la fille », dite parfois « tombe de sainte Pataude ». De son vrai nom Marie Martin, cette jeune républicaine fut accusée par les chouans d'avoir livré aux Bleus l'un de leurs lieux de rassemblement, tenu secret. Exécutée sur-le-champ après avoir été torturée, la « fille » – innocente ? – fut enterrée dans la glèbe de la forêt. La sépulture connut rapidement un lieu de dévotion pour la paysannerie alentour.

La « pataude », comme la surnommaient les Bleus, aurait des dons pour guérir les maladies infantiles. Deux siècles plus tard, des pèlerins viennent encore par centaines chaque année déposer des fleurs, accrocher à des fils linges et vêtements divers, couvrir les arbres d'ex-voto. Sainte Pataude est devenue une sainte guérisseuse « généraliste ».

LA SELLE-GUERCHAISE, LE PAGODON À SAINTE-ANNE

Au sud immédiat de La Selle-Guerchaise, dans ces marches de Bretagne au puissant décor rural, un élément exotique trouble l'unité paysagère : une petite pagode chinoise dédiée à sainte Anne.

Sur la route menant à Fontaine-Couverte, si vous cherchez la chapelle Sainte-Anne ou du Pâtis, attendez-vous à être surpris par la physionomie du sanctuaire que vous allez découvrir. En lieu et place d'une chapelle en pierre du XIXe siècle se dresse un pagodon chinois. De forme octogonale, tout en bois d'essence exotique rapporté d'Indochine, la petite pagode est pourtant l'œuvre d'un vrai catholique breton, François Lizé, recteur de la paroisse de La Selle-Guerchaise de 1875 à 1878. Ce prêtre missionnaire, né à Châteaugiron, effectua une grande partie de son ministère dans des provinces isolées de Chine. De retour sur sa terre natale pour y soigner une maladie, il veut faire partager sa passion pour ce monde lointain dont la plupart des fidèles de sa paroisse n'ont qu'une idée extrêmement vague et déformée. Aussi, à la manière d'une sorte d'ex-voto grandeur nature, l'abbé François Lizé verra son vœu secret exaucé. Guéri, il repartira en Chine où il mourra en 1887, à Wing-Long.

La chapelle-pagode est solennellement bénite et consacrée en juillet 1876 par le doyen de La Guerche-de-Bretagne et devient un lieu très fréquenté localement. Des messes dominicales ou des célébrations de grandes fêtes de la liturgie catholique y sont dites. À l'intérieur, on peut voir une belle statue en bois polychrome de sainte Anne, la « mamm gozh ar Vretoned » (la grand-mère des Bretons), représentant l'aïeule de Jésus-Christ debout avec la Sainte Vierge sur son bras, cette dernière tenant elle-même le divin Enfant.

La chapelle-pagode de La Selle-Guerchaise ne manque de surprendre. Édifiée par un missionnaire passionné de Chine, elle abrite une statue de sainte Anne datant du XVIe siècle et provenant de l'ancienne chapelle du Poncel, aujourd'hui disparue. La sainte possède très curieusement les yeux légèrement bridés. Aucune explication ne saurait être donnée…

Sombre, isolée, la chapelle Saint-Jean, sans doute fondée par les Hospitaliers de l'ordre de Saint-Jean de Jérusalem, renferme quelques secrètes histoires.

BROCÉLIANDE, LA FORÊT AUX MERVEILLES

Pénétrer dans la forêt de Brocéliande, connue aujourd'hui sous le nom de Paimpont, n'est pas se baguenauder de lieu en lieu, itinéraire touristique balisé sous les yeux. Il convient de se laisser adouber par la « mère forest », pour mieux traverser le temps... Au cœur des hautes futaies sombres se tapissent toujours les amours de la fée Viviane et de

Merlin l'Enchanteur, le Saint-Graal s'y cache probablement et se profile à qui sait voir l'ombre insaisissable de Lancelot…

« La porte est en dedans. » Vous ne pourrez qu'être intrigué par ce message ésotérique, scellé dans la pierre de l'église de Tréhorenteuc. Ce modeste sanctuaire, à l'origine dédié à saint Eutrope, devint « l'église du Graal » par la grâce et l'habileté d'un curé de campagne, l'abbé Gillard. Convaincu qu'il doit rechercher l'alliance fusionnelle de la foi chrétienne et du légendaire celtique pour créer le sanctuaire de l'imaginaire celtique, il s'attaque dès son arrivée dans ce minuscule village isolé à faire de son église un lieu d'exception. En quelques années, l'obscur sanctuaire se pare de vitraux éclatants où figurent apôtres et preux chevaliers quêtant le Saint-Graal ; les murs s'ornent d'une mosaïque montrant le Christ sous les traits d'un cerf blanc, accompagné de quatre grands lions rouges évoquant les évangélistes Luc, Jean, Marc, Matthieu ; un chemin de croix représente même la fée Morgane plutôt très dépoitraillée se dressant face à un Christ agenouillé.

Malgré l'engouement touristique que suscite « l'église de la spiritualité universelle », la hiérarchie ecclésiastique dénonce ce dérangeant syncrétisme à la limite de l'hérésie.

La mosaïque du Cerf blanc (en haut) et le vitrail figurant l'apparition du Saint-Graal aux chevaliers de la Table Ronde dans l'église de Tréhorenteuc.

Les reflets du Miroir aux Fées

Le Miroir aux Fées fait partie des lieux fréquentés nuitamment, par des curieux avides de sensations. Nombre d'entre eux vous révéleront qu'ils connurent la peur de leur vie lorsque des lueurs non identifiées dansèrent au ras de l'eau... Sont-ce Viviane et Morgane accomplissant de mauvais tours ? Est-ce l'esprit de Marinette ? Marinette avait l'habitude de venir avec ses cinq sœurs aînées se mirer dans le lac, brossant inlassablement leurs longues chevelures. La cadette aperçut un jour un fringant chevalier ; leur amour est instantané. Ses sœurs décident de tuer l'objet de leur inextinguible jalousie. La petite amoureuse sauvera *in extremis* son bien-aimé en recueillant le sang de la fratrie en le mêlant à l'eau purificatrice de la fontaine de Jouvence. Depuis, des lueurs furtives s'en viennent certaines nuits ricocher à la surface du Miroir.

Et si, ce soir, vous aviez rendez-vous avec Viviane, la Dame du Lac...

Un aller simple pour le Val sans Retour

Laissons à son œuvre visionnaire l'abbé Gillard pour nous mettre en route vers le proche Val sans Retour. Le chemin traverse les landes de Gautro et de la Troche, pelisses drues ourlées de l'or des ajoncs, avant de déboucher sans crier gare sur une crête hérissée de boucliers de schiste dont les lichens forment une héraldique indéchiffrable. C'est ici même que Morgane séquestrait ses amants infidèles, derrière une invisible muraille. Tout autour, la sylve exhibe encore de fraîches cicatrices des incendies ; les caractéristiques schistes rouges (héritage de l'ordovicien, deuxième période de l'ère primaire) font, quant à

eux, songer aux images naïvement colorées de quelque enluminure. Le réalisateur américain John Boorman ne s'y trompa pas lorsqu'il vint errer seul dans le Val sans Retour à la recherche de la vérité géographique de son film *Excalibur*.

En contrebas de cette ligne de crête, un vallon plonge vers une gorge où miroite l'étang de Morgane, le fameux Miroir aux Fées. Ces eaux bleu-vert gargouillant sur un lit de schistes aux reflets allant du grenat à l'orangé, semblent profondes comme un vieux rêve sans cesse renouvelé.

Non loin de là, près des ruines du Moulin de la Vallée, en haut de la cascade, s'érige l'Arbre d'Or, une œuvre d'art symbolique destinée à fixer le triste souvenir de l'incendie de décembre 1990. Mais ne perdons pas la magie de notre quête, direction la fontaine de Barenton, située à environ deux heures de marche. Les sentiers et layons rectilignes quadrillant le massif forestier (en direction du canton de Métairie- Neuve) ne peuvent donner une idée juste de ce que fut Brocéliande du temps de Judickaël, le roi des Bretons au VIe siècle... Au bout de l'allée forestière dite Ligne de Ponthus et le carrefour de Ponthus, se trouve la fontaine de Barenton.

Barenton la magicienne

Barenton (Ballanton ou Belenton des textes médiévaux), site majeur de Brocéliande la mythique.

« Avant toute chose, pour commencer, il y a la féerie d'un nom, Brocéliande ; puis la féerie d'un autre nom, Barenton [...] Tout, en effet, devait surgir de Barenton en Brocéliande. Le pouvoir de cette eau en sa pierre gardée était tel qu'il a ébranlé l'alentour, toute la nature, les hommes et les dieux » (Jean Balcou).

Offrandes votives sur le perron de la fontaine de Jouvence ou sur le tombeau de Merlin… en plein XXIe siècle.

D'abord, parce que la source scelle la première rencontre de Viviane avec Merlin, le druide, fils du diable et d'une sainte, sorcier et voyant piégé pour l'éternité par les neuf cercles magiques de la Dame du Lac. C'est également à la source de ces eaux qu'Yvain blesse à mort le Chevalier Noir, gardien perfide de la fontaine. Enfin, c'est à Barenton que Salomon, roi de Domnonée, se rend en pèlerinage lorsqu'il résidait au château de Ponthus.

Évidemment, oui, la fontaine détient des pouvoirs magiques : « De ce bassin de l'or le plus fin, l'eau bout plus froide que marbres. » En réalité, l'émission de grosses bulles, probablement de l'azote pur issu de la fermentation souterraine de feuilles de chêne, passait pour une manifestation du surnaturel.

Aussi, le « perron de Merlin », la dalle qui jouxte la fontaine, est-il le théâtre des cultes et dévotions les plus variés. Jusqu'au milieu du XIXe siècle, sous la protection d'un prêtre (un comble car la fontaine ne fut jamais christianisée), la population locale « monte » de Concoret à Barenton en procession pour que la pluie tombe. Des articles de l'époque rapportent que le curé puisait de l'eau et aspergeait le perron. L'eau détient également des vertus curatives certifiées par les autorités médicales : en 1931, on veut ouvrir un sanatorium à Mare-Forêt ; les druides avaient devancé la science moderne puisqu'il est à peu près certain qu'existaient un

hôpital et une école tout près de la fontaine. Enfin, elle passe pour guérir la folie, le mal d'amour et elle exauce les vœux les plus secrets...

En ce printemps 2007, un bouquet de genêts ondoie sur l'eau, signe que les offrandes à Belenos, dieu solaire celtique, se moquent des époques.

Des couronnes de fleurs tressées, des bracelets et des colifichets, des ex-voto de papier ou de chiffon, des centaines de pèlerins continuent d'en déposer régulièrement sur le « tombeau de Merlin » (près du village de Landelles) et le « tombeau de Viviane », l'hôtié de la Dame du Lac perché sur les hauteurs du Val sans Retour.

L'esprit de la légende s'embusque aussi dans la chair des pierres des châteaux de Trécesson et de Comper. Trécesson, joyau féodal du XVe siècle, et son anneau d'eau sur lequel glisse, dans un silence oppressant, la Dame Blanche, une femme immobile au milieu d'une barque. Comper, à Concoret, est un véritable mille-feuille d'époques et de styles architecturaux ; son histoire débute avec Raoul de Gaël, compagnon de Guillaume le Conquérant. Le Centre de l'imaginaire arthurien y a élu domicile en 1989.

Quelles que soient leurs quêtes et leurs croyances, les hommes continuent d'explorer Brocéliande en essayant de renouer un contact perdu. À la « mère forest » de savoir leur faire oublier la matérialité qui embue leur imaginaire...

Les murs de pierres rougissantes du château féodal de Trécesson pourraient bien vous susurrer la légende de la Dame Blanche. Mais, croyez-vous aux légendes ?

Naissance d'un mythe… officiel

Brocéliande… Le nom est fortement évocateur, porteur de promesses féeriques, d'évasion dans l'imaginaire d'un lieu. Et pourtant, Brocéliande existe-t-elle réellement ? N'est-ce pas une invention humaine construite de toutes pièces ? Sur le plan historique, un fait est avéré : le roi Arthur, roi de Petite et de Grande Bretagne, n'a pas foulé le sol du continent avant 1136. Quant à la forêt de Brocéliande, il en ignore même jusqu'à son existence (cf. Geoffroy de Monmouth dans son *Histoire de Bretagne*).

Le premier à exalter les mystères de la forêt et des pouvoirs magiques de la fontaine de Barenton, à y faire vivre les chevaliers de la Table ronde, est Robert Wace (vers 1115-vers 1170), trouvère anglo-normand, chanoine de Bayeux sous la protection de la reine Aliénor d'Aquitaine. Le mythe entre alors en littérature avec le *Roman de Rou* (1160-1170), chronique versifiée de l'histoire du duché de Normandie, et le *Roman de Brut* (1155), où il conte l'histoire légendaire de l'Angleterre. Avec *Yvain ou le Chevalier au lion* (1175-1181), texte fondateur de sept mille vers, Chrétien de Troyes (vers 1135-vers 1183), le premier grand auteur de romans de chevalerie, renforce le mythe, notamment celui de la fontaine de Barenton. Au tout début du XIIIe siècle, Robert de Boron « christianise » le mythe du roi Arthur et fait apparaître le personnage de

A gauche
Dans le sanctuaire d'arbres de Brocéliande, arrêtez-vous auprès du majestueux chêne des Hindrés.

Se perdre sur les crêtes du Val sans Retour et voir brasiller à fleur de lande les ombres des chevaliers de l'imaginaire...

Merlin l'Enchanteur et de la fée Viviane. La grande saga des héros arthuriens est en marche, naîtront bientôt Morgane, Ponthus...
Ce rapide historique souligne que Brocéliande est une géniale invention littéraire. Une « œuvre de commande » en quelque sorte qui enracine en Armorique les hauts faits des chevaliers arthuriens et qui crée le mythe fondateur d'une royauté unique sur les deux Bretagne, insulaire et continentale, qui justifiera les politiques guerrières et expansionnistes.
Il faudra attendre le XIXe siècle et la vogue des folkloristes pour que Brocéliande gagne une caution toute « scientifique ». Théodore Hersart de La Villemarqué, entre autres personnalités, s'y attellera avec ferveur (notamment avec l'ouvrage *Le Tombeau de Merlin* paru en 1837). Du coup, on « découvre » pour la première fois les tombeaux de Merlin et de Viviane, sépultures dissimulées dans des mégalithes ruinés !
Là encore, Brocéliande n'est pas que simple littérature. Lorsque l'orléaniste Louis-Philippe Ier devient « roi des Français » en 1830, l'aristocratie bretonne, largement légitimiste, réinvestit ses provinces. Ce mouvement de repli quasi identitaire s'accompagne de la quête d'un monde idéalisé, dont la caution intellectuelle sera le Moyen Âge des chevaliers et de l'amour courtois. La forêt de Brocéliande prend toute sa dimension de forêt sacrée où les lieux emblématiques ont pour noms : le lac de Diane, le Val sans Retour, le Miroir aux Fées.
Et de laisser la conclusion à Jean Balcou : « Nous savons bien que ce territoire est ressenti et est à ressentir à travers une triple brume : l'imaginaire celtique, qui se creuse en universel, et qui n'est peut-être que la représentation de l'Autre Monde. Mais nous savons en même temps, et précisément, que cet imaginaire non localisable par nature, s'est fixé, incarné, *hic et nunc*, dans ce coin de Bretagne qu'il lui plaira d'âge en âge d'entretenir. »

La Roche-aux-Fées est l'un des plus importants dolmens à portique mégalithique de France. Difficile de ne pas soupçonner l'intervention des fées dans l'édification de cet ensemble de plusieurs dizaines de tonnes.

LA ROCHE-AUX-FÉES, LE SOUVENIR DES BONNES FÉES

Au sud de Rennes, entre Janzé et Retiers, dans un cadre imprégné de romantisme, le site mégalithique de la Roche-aux-Fées. Un nom évocateur pour l'une des plus grandes allées couvertes connues.

Sur une carte postale ancienne, probablement datée de 1901, on peut voir deux garçons et deux filles prenant, comme il était de bon ton de faire à l'époque, la pose. Mains sur les hanches et regards fiers pour les hommes, sourires timides et coiffes ajustées avec soin pour les jeunes femmes. Leur présence est si forte que l'on oublierait presque le décor qui les entoure : le linteau de la monumentale allée couverte de la Roche-aux-Fées. Ces jeunes gens effectuent-ils une simple promenade du dimanche dans la forêt du Theil ou, comme semble l'indiquer la légende de l'image photographique, s'en vont-ils « interroger leur destinée » ?

Si c'est la seconde motivation, elle se base sur une vieille pratique, un rituel, qui voulait que les amoureux se rendent ensemble, à la nouvelle lune, au chevet du dolmen. Chacun son tour, ils devaient faire le tour lentement du monument de pierre, le garçon marchant dans le sens des aiguilles d'une montre, la fille en sens inverse. Lors de leur circumambulation, il leur fallait comptabiliser le nombre de pierres composant le dolmen. Au moment de confronter leurs résultats, un nombre identique présageait un amour fait d'harmonie et d'entente mutuelle ; en revanche, plus l'écart était grand, moins le futur couple avait des chances de durer. Or, il était de notoriété, à cause d'un sortilège inhérent aux fées, qu'il s'avérait difficile, pour une même personne faisant deux fois le même tour, de trouver deux fois le même chiffre ! La légende ne dit pas combien de couples se marièrent et vécurent dans le bonheur après s'en être remis au pouvoir du dolmen...

Avec des dimensions respectables – 19 mètres de long sur 3 à 5 mètres de large –, l'allée couverte comporte un vestibule, quatre loges et une chambre. Huit dalles de 40 tonnes chacune recouvrant le dolmen et quarante-deux pierres (si le sortilège ne nous a pas, à notre tour, abusés...) composent l'ensemble. Quant à savoir quelle était la fonction de cette construction – temple ou sépulture ? –, les archéologues n'ont pas véritablement tranché...

Ce qui ne manque de surprendre est la nature de la pierre : un schiste rouge absent du sol local à des kilomètres à la ronde... La science n'ayant pas apporté toute la lumière sur ce mystère, il est recommandé de continuer à croire que ce sont les fées, jadis très présentes dans la forêt du Theil, qui auraient transporté dans leurs tabliers les pierres venues d'ailleurs.

Côtes-d'Armor

GUERLÉDAN, LA VALLÉE ENNOYÉE

Entre Mur-de-Bretagne et Gouarec, à une quinzaine de kilomètres au nord de Pontivy, au cœur d'un Argoat agricole, le lac de Guerlédan offre un paysage insolite, l'un des plus sauvages de Bretagne. Le plus surprenant est qu'il doit tout à la main de l'homme.

Si le propre d'un mystère est de galvaniser l'imaginaire, nul doute que le lac de Guerlédan agira puissamment. Certains y verront un grand lac canadien, à d'autres il évoquera un de ces lochs écossais dont les fonds gardent jalousement leurs secrets ou encore à un lac de la Carélie finlandaise tant la beauté du paysage en impose. Guerlédan couvre une superficie de 400 hectares, mesure une douzaine de kilomètres de long sur 500 mètres de large. Une forêt épaisse, en partie issue de la forêt de Quénecan et du bois de Caurel, étreint au plus serré les pentes abruptes de ses rives, descend même jusqu'à la surface de ses eaux sombres et immobiles. Des falaises schisteuses dessinent une curieuse construction géométrique. Cette armure naturelle interdit de faire le tour du lac à pied. Aucun sentier existe. La seule et unique manière d'explorer les lieux est d'embarquer à bord d'un canoë.

Ou d'une barque comme j'ai l'occasion de le faire avec Louis. À près de 80 ans, ce riverain du

Page de gauche
Tout de bois, de bronze et de laiton, la roue de fortune de l'église de Kérien possède les plus petites dimensions des roues connues.

Jusque dans les années 1980, le lac de Guerlédan était vidangé tous les dix ans. Sous le miroir d'eau réapparaissait alors « la vie du petit peuple du canal, dont les poignants souvenirs gisent, figés, dans la boue du lac ».

De haut en bas

Au cœur de l'Argoat, le lac artificiel de Guerlédan revêt des allures de grand lac sauvage.

L'ancienne abbaye cistercienne Notre-Dame du Bon-Repos. Elle servit en 1832 d'hébergement pour les forçats qui creusèrent le canal de Nantes à Brest.

lac, né à Saint-Aignan, vient tous les jours, « tremper ses lignes et faire un tour d'inspection ! » Il est 6 heures du matin en cette fin d'été et la barque fend doucement le miroir d'eau embrumé. Tout est si calme et harmonieux qu'il est difficile de s'imaginer que vous vous trouvez à plus de 40 mètres au-dessus d'un monde englouti, fait de quelques fermes, de maisons éclusières, d'un moulin, de champs, de carrières d'ardoise. Tout à coup, Louis arrête de ramer et laisse l'embarcation avancer sur son erre. « Penchez-vous au ras de l'eau, m'ordonne-t-il. Vous voyez cette sorte de miroitement plus clair venu des profondeurs ? Laissez vos yeux s'habituer... C'est le tracé du canal de Nantes à Brest et, là, à l'aplomb, c'est la maison éclusière et l'écluse où mon grand-père a passé toute sa vie. Je vous montrerai tout à l'heure, j'ai une photo où toute la famille pose devant la maison. Un 1er mai 1922. Je suis dans les bras de ma grand-mère. »

Si le grand légendaire breton compte de nombreuses cités englouties, l'inondation de cette portion de la vallée du Blavet ne doit rien à un quelconque cataclysme naturel ou à une colère divine. Celui par qui ce lac inconcevable arriva se nomme le sous-préfet Ratier. Un technocrate en poste à Pontivy aux lendemains de la Première Guerre mondiale qui voyait ses rêves en grand : barrer la vallée du Haut-Blavet par un barrage hydroélectrique de 50 mètres de haut ! À l'époque, il n'existe de par le monde qu'une dizaine d'ouvrages d'art de ce type. Mais le représentant de l'État va rapidement trouver son homme : un certain Le Son, jeune ingénieur de Sup'Elec fraîchement rentré au pays. Leur rêve commun, alimenter en énergie toute la Bretagne, prend corps. Reste un problème de taille à résoudre, comment ne pas bloquer la circulation fluviale sur le canal de Nantes à Brest ?

Le Son échafaude alors le projet de bâtir un monumental escalier d'écluses... qui ne verra jamais le jour par manque de moyens financiers. Le canal en mourut.

Quant au barrage (retenant 55 millions de mètres cubes d'eau), il est officiellement mis en service en octobre 1930, soit sept ans après les premiers coups de pioche.

Au sommet d'une crête schisteuse aux arêtes vives commencent les landes de Liscuis. Y pousse notamment le « chasse-diable » (le millepertuis) qui a toujours attiré druides, sorciers, guérisseurs.

L'or des gorges de Daoulas

Dans les années 1950, une rumeur fit grand bruit. On aurait trouvé dans les eaux du Daoulas une pépite d'or de plusieurs dizaines de grammes... Pour trouver la prétendue rivière aurifère, rendez-vous au hameau de Liscuis (un peu à l'écart de la N 164). Une fois sur le GR 37, progressez jusqu'aux allées couvertes de Liscuis ; puis quittez le GR 37 pour vous engager sur le GR 341 en direction de Caurel. Premier frisson en traversant le hameau fantôme de Lann Falc'h où vécurent les ardoisiers de la vallée engloutie. Dans un environnement d'ajoncs, de bruyère, de lande se dresse une cluse hérissée d'aiguilles de schiste et de quartzite tranchantes, le Daoulas coupe en deux le massif banc de roches pour aller rejoindre dans un tintamarre métallique le Blavet. Au creux de la vallée, les jambes écartées et fichées dans les cailloux de la rivière, un homme examine sa batée, traquant la petite étincelle jaune de métal précieux. Juste derrière lui, un panneau signale que l'orpaillage est rigoureusement interdit...

Connue des Celtes et des Gaulois, la capitale romanisée du peuple Curiosolite conserve de fascinants vestiges : colonnes et chapiteaux du jardin des Antiques ; temple de Mars ; sans oublier nombre d'objets présentés au musée de la Société archéologique.

CORSEUL, MÉTROPOLE DES CURIOSOLITES

Dans la campagne, entre Plancoët et Dinan, non loin de la vallée de l'Arguenon, le modeste bourg de Corseul fut l'une des six cités majeures que comptait l'Armorique gauloise.

C'est autour de l'église actuelle, érigée à l'emplacement exact de la basilique gallo-romaine, que se concentrent les vestiges de l'antique capitale de la cité des Curiosolites, Fanum Martis. Tout autour, déployés sur une superficie de plus de 100 hectares, se répartissaient le forum, le temple du gouverneur, les thermes, les villas, le cimetière. Peu de témoignages du passé restent désormais visibles, hormis quelques colonnes regroupées dans le jardin des Antiques par la société archéologique locale. En revanche, vous trouverez les traces de l'ancienne voie romaine (après avoir dépassé les ruines du château de Montafilan), puis gagnerez, à un kilomètre et demi à l'est du bourg, le lieu-dit le Haut-Bécherel. C'est là que s'élève sur une colline le temple de Mars (Fanum Martis, classé monument historique). Orienté à l'est, l'édifice romano-celtique s'organise autour d'une très vaste cour sacrée, close par trois portiques surélevés. Sa construction a vraisemblablement commencé à la fin du Ier siècle. L'ampleur du chantier a nécessité plusieurs dizaines d'années de labeur. Création *ex nihilo*, ce temple païen est la traduction architecturale d'une volonté politique visant à intégrer les populations locales réparties entre l'Oust, la Vilaine et la Rance, au sud-est de l'actuelle ville de Saint-Brieuc. Avec ce temple de Mars, la cité curiosolite affirmait également sa totale appartenance à l'Empire.

À la fin du IIIe siècle, le temple de Mars fut entièrement ravagé par les Gaulois, qui l'incendient, en représailles à l'occupation romaine. Les pirates saxons en expédition guerrière sur la Rance achèveront de ruiner Fanum Martis.

ET TOURNENT LES ROUES DE FORTUNE

Jacques est prêtre missionnaire, aujourd'hui retraité. Né dans la paroisse de Laniscat (Trégor), il a passé une grande partie de sa vie à voyager et « à écouter les souffrances et les angoisses des hommes, à tenter de comprendre comment les soulager ». Cet « ethnologue des âmes » me fut souvent un guide précieux dans ma connaissance de la culture bretonne. Lors d'une escapade en Irlande du Nord, où il voulait me faire découvrir les Mourne Mountains (situées aux environs de Newcastle), nous rencontrions l'un de ses amis, Brian O'Smaoille, prêtre anglican. Ce dernier, pas peu fier de ses récentes « trouvailles », nous montrait une série de magnifiques photographies en noir et blanc représentant des espèces de grandes roues de charrettes munies de gros grelots en fer grignotés par la rouille du temps. Au vu de l'excitation de Jacques, je me doutais que ces curieux objets que nous avions sous les yeux recouvraient une autre réalité que celle d'un bricolage incongru ou d'une création artistique singulière. Jacques, une fois de plus, me tirait de

Roue à carillon de l'église de Locarn.

Les roues de fortune de l'église de Laniscat (photo du haut) et de la chapelle Notre-Dame du Ruellou à Saint-Nicolas-du-Pélem (photo du bas).

mon ignorance. Ces curieuses roues n'étaient autres que ce l'on connaissait en Bretagne sous le nom de « santig e rod » (petit saint à la roue) ou roues de fortune (ou encore roues à carillons, roues de gloire).

De ces objets liturgiques insolites, que sait-on ? À peu près rien ! Jacques se souvient que dans les années 1930-1935, alors qu'il n'était encore qu'un enfant de chœur, la roue de l'église de Laniscat (comme celle de Confort-Meilars) était actionnée par une corde à chaque messe dominicale, au moment de l'élévation. Les clochettes, généralement au nombre de douze, carillonnaient également à l'occasion des baptêmes, des mariages, des grandes fêtes calendaires chrétiennes, des pardons. La roue de fortune était-elle un élément clef de la liturgie ? Certainement, mais sa signification intrinsèque semble perdue, en tout cas oubliée de tous...

Certains pensent que la roue est de même nature que le « tarabara », sorte de grande crécelle circulaire, que l'on utilisait dans des sanctuaires bretons lorsque les cloches ne pouvaient sonner. L'explication à cette pratique mystérieuse, Jacques ne peut la donner, mais l'homme d'Église d'évoquer plus largement le thème symbolique de la roue dans l'iconographie biblique. Dans le Livre d'Ézéchiel, le prophète décrit dans ses visions des roues en feu, annonciatrices du royaume de Dieu, des « roues voyantes » où des paires d'yeux s'ouvrent sur l'omniscience et la vérité du regard divin. Et gare aux âmes pécheresses guettées par l'Enfer...

Selon Jacques, il n'est pas étonnant de retrouver, en terre irlandaise, ces roues de fortune. En effet, chez les Celtes, la roue est un symbole sacré majeur. Sa symbolique cosmique – son mouvement est censé reproduire celui de l'astre du jour – a à voir avec l'harmonie de l'univers. On se souviendra que le druide Mog Ruith (« le serviteur de la roue »), avatar du dieu irlandais Dagda, énonçait des présages druidiques à l'aide d'une roue.

Aujourd'hui, seule une poignée de ces roues ont survécu jusqu'à nous. Ces instruments, datant des XVIIe et XVIIIe siècles, sont visibles pour l'essentiel dans la haute vallée du Blavet : église Saint-Gildas à Laniscat ; chapelle Saint-Nicolas du Ruellou à Saint-Nicolas-du-Pélem ; l'enclos paroissial de Locarn dans le Poher ; église paroissiale de Kérien – en bois, bronze et laiton, c'est la plus petite « er rod » (roue) connue ; chapelle Saint-Nicolas à Priziac ; église Saint-Gildas à Magoar ; église du bourg de Maël-Pestivien.

La seule qui soit excentrée du Centre-Bretagne se trouve à Confort-Meilars dans le cap Sizun. Elle est toujours mise en action pour aider les enfants qui tardent à parler. L'assistance entonne le *Gloria* lors de la cérémonie.

Guérir en un tour de roue...

Per-Jakez Helias (1914-1995), le grand quêteur de mémoire du pays Bigouden, narre de quelle manière la roue de fortune de l'église de Confort-Meilars servait à des pratiques plus superstitieuses. D'un diamètre de 1,75 mètre et équipée de douze clochettes accordées du *do* au *do* supérieur, la roue de fortune était actionnée afin de redonner la parole ou de permettre de retrouver l'ouïe. Écoutons-le : « L'enfant muet secoue le carillon, le fait sonner cent fois plus haut que la menue monnaie. Et l'on raconte l'histoire de celui qui n'avait jamais soufflé mot de sa vie et qui entendant le bruit des clochettes, s'écria soudain : Sell ta ! Pegemend a drouz ! (Tiens, combien de bruit cela fait !) Et le miracle n'est jamais loin... même s'il est surprenant de constater que c'est dans un sanctuaire chrétien que se trouve le symbole du pouvoir magique d'un dieu celtique. »

LE MÉNEZ-BRÉ, LA « MONTAGNE SACRÉE DU TRÉGOR »

À l'est de Guingamp, entre Louargat et Pédernec, se dresse une « montagnette », couronnée d'une petite chapelle. Surtout ne vous fiez pas aux dimensions modestes du lieu. Au sommet du Ménez-Bré, la force des mystères est inimaginable.

Ce dimanche de juin, jour du pardon de Saint-Hervé au Ménez-Bré, le soleil est de la partie lorsque je me mets en route à Louargat. Il faut tailler la route plein nord à partir de la chapelle Saint-Jean. La messe du pardon est prévue à 10 h 45 à la chapelle Saint-Hervé. Une bonne heure d'ascension est nécessaire pour se hisser au sommet de la montagne et je veux arriver avant la foule des pèlerins. Je bannis l'itinéraire carrossable pour m'enfoncer dans un chemin creux qui s'enroule comme une coquille d'escargot autour du mont. À travers une sapinière, puis sous le couvert de chênes et de saules, la pente à escalader est raide. Le dénivelé dépasse légèrement les 300 mètres dont une partie est tapissée de fougères, de ronciers, de genêts. Par ce chemin buissonnier, qui serpente entre les ermitages de Parquer et de Matt Talbot, le Ménez-Bré impressionne.

À une centaine de mètres devant moi, un prêtre, soutane claquant au vent, est arrêté, regard rivé vers les cieux. S'agit-il du recteur qui célébrera tout à l'heure l'office ? L'homme d'Église me fait évidemment songer à un certain Placide-Marie Guillermic. Un sacré personnage qui vécut et officia comme recteur de Bégard

Vous entrez dans un paysage les plus énigmatiques de l'Argoat. Sitôt les brumes dissipées, attendez-vous à des rencontres insoupçonnées. Ci-dessous, un lec'h connu sous le nom de « boule de Saint-Michel ».

au XIXe siècle. Ses ouailles le surnommaient Tadig Koz, le « vieux petit père », car il avait coutume d'interpeller ses paroissiens avec toujours la même phrase : « Bonjour mon enfant, racontez à votre vieux petit père où vous en êtes. » Mais l'abbé n'était pas seulement le brave confesseur des Bégarrois. Le « vieux petit père » disait des messes autrement plus étranges où ses pouvoirs d'exorciste lui avaient valu une réputation de vrai magicien... Le quêteur de mémoire Anatole Le Braz disait de l'homme : « Il possédait tous les secrets de la vie et tous les secrets de la mort... »

Aussi, célébrait-il l'« oferenn drantel » (office de trentaine), une très énigmatique cérémonie où le prêtre égrenait trente messes dites pour le repos des « Anaon », les âmes des trépassés ; la dernière messe se déroulait au sommet du Ménez-Bré dans la chapelle Saint-Hervé. Le rituel est précis et immuable. D'abord, la veille de l'office, on monte un sac de graines de lin. Le lendemain, dès la nuit noire arrivée, le prêtre exorciste gravit nu-pieds le flanc de la colline en aspergeant, tout autour de lui, de l'eau bénite. À minuit sonné, la récitation de la liturgie commence mais à l'envers. Les derniers mots devenant les premiers. Ensuite, il convoque, un par un et en les appelant par leur nom, tous les démons peuplant l'enfer. Ils tiennent dans leurs bras griffus les damnés morts dans l'année précipités dans les limbes. L'épouvante est sur tous les visages, les cris déchirent la nuit armoricaine. La sarabande macabre dure jusqu'à

Au point culminant de la colline, la petite chapelle dédiée à saint Hervé et, à proximité, une source dont les eaux sécrètent de vrais pouvoirs guérisseurs.

Autre lieu mystérieux : la chapelle des Sept-Saints à Vieux-Marché. Là « sont priés, Chrétiens, les Sept Saints. C'étaient sept frères de qualité, gens sages, hommes sensés, sept serviteurs de Dieu quand ils étaient sur terre, sept défenseurs pour nous maintenant qu'ils sont dans la gloire » (Gwerz ar seiz sant e parrez Plouaret).

ce que le pécheur pour lequel l'« oferenn drantel » est récité soit libéré des forces diaboliques.

Les démons sont alors congédiés sans ménagement et le prêtre remet à chacun une graine de lin pour seul remerciement...

Mais, sur la « montagne sacrée », on ne plaisante pas avec les forces spirituelles et le surnaturel. À peine parvenu au seuil de la chapelle Saint-Hervé (XVIIe siècle), j'assiste à un regroupement de pèlerins s'échangeant des gourdes d'eau. Renseignement pris, l'eau provient d'une source voisine, réputée miraculeuse. Ladite source, située à environ 300 mètres à l'est de la chapelle, est ensevelie sous les ronces et partiellement recouverte d'une dalle de béton, mais il en faut davantage pour décourager les croyants qui continuent de quérir leur eau...

En attendant le début du pardon, le regard perdu sur l'horizon, entre Trégor et Cornouaille, j'essaie d'en savoir plus sur saint Hervé. Né en 515 dans Léon, il est le fruit de l'union du barde Hoarvian et de la princesse Riwanon. Aveugle de naissance, sa mère lui ordonne de rechercher la lumière intérieure. Adulte, accompagné d'un guide, le fidèle Gwic'haran, et d'un loup domestiqué, le moine ermite et barde mène une vie d'ascèse. Sur le Ménez-Bré, montagne où l'eau était de tout temps absente, il fait jaillir d'un coup de bourdon (bâton de pèlerin) une source, qui eut pour premier mérite de guérir un évêque participant au concile des primats bretons en 548, où l'on jugeait le prince Conomore, le puissant et cruel préfet du roi Childebert de Bretagne. On raconte également

que lors de cette assemblée, Hervé fit preuve d'un grand courage en anathématisant, contre l'avis général des moines, cet « avatar déchu d'un dieu qui fut lumineux avant de basculer aux enfers ».

Le Ménez-Bré fut encore « habité » par un autre barde, aveugle lui aussi, Gwenc'hlan, habitant le manoir de Run-ar-Goff, sur le versant est de la montagne. Attaché aux valeurs de l'ancienne religion où l'on honorait Belenos, le dieu du Soleil, le druide qui parlait aux oiseaux y proféra une prophétie dont le souvenir se perpétra jusqu'au XIXe siècle (elle fait l'objet d'un chant que rapporte Théodore Hersart de La Villemarqué dans le *Barzaz Breiz*). Cette imprécation en rimes bretonnes fustigeait avec véhémence le pouvoir et les violences des prêtres du Christ. Gwenc'hlan le païen ne l'emportera pas sur l'auteur du Cantique du Paradis... On affirme que Gwenc'hlan repose quelque part sur ce sommet du Ménez-Bré et qu'il aurait avec lui un trésor fabuleux.

En redescendant au soleil couchant cette montagne aux sortilèges vers Louargat, je ne peux pas m'empêcher de penser qu'à fréquenter le Ménez-Bré, l'homme ne peut que voir et entendre des choses, résolument, bien mystérieuses...

Dans la crypte « dolménique » de la chapelle des Sept-Saints à Vieux-Marché, le surnaturel vous donne rendez-vous. En effet, comment expliquer la coexistence d'éléments du paganisme celte dans un lieu de culte chrétien partageant une vieille croyance du monde musulman ?

Finistère

LES MONTS D'ARRÉE, VOYAGE AUX « PORTES DE L'ENFER »

Situés à la frontière des anciens évêchés de Léon et de Cornouaille, les monts d'Arrée ressemblent à une sorte de toundra où lande rase étrillée par les vents, monts hérissés de crêtes, tourbières piégeuses composent un décor à faire frémir. Et quand on sait que l'Ankou, les « Lavandières de la nuit » et d'étranges créatures y rôdent...

C'était à la fin de l'hiver 1995, à Brasparts, bourg d'un millier d'âmes au sud des monts d'Arrée. J'avais rendez-vous au siège des éditions Beltan avec Gwenc'hlan Le Scouëzec, écrivain de la celtitude et très officiellement grand druide de Bretagne. Les histoires qu'il racontait sur la montagne d'Arrée m'avaient toujours profondément intrigué. Aussi lui avais-je demandé de me mener jusqu'au cercle des Douze pierres dont j'avais lu le récit de sa découverte et dont aucune carte d'état-major, aussi précise soit-elle, n'évoquait l'existence. Avant de partir, mon guide m'avait mis en garde, même les yeux les plus perçants ne peuvent pas tout voir...

Page de gauche
À Huelgoat, la forêt drue, les énormes boules de granit ruisselantes des eaux de la rivière d'Argent, les mares et les cascades composent une « catharsis sismique alimentant une oralité sortie de l'enfer » (Jean Balcou).

L'orage menace sur les monts d'Arrée, la lumière remodèle le relief sous ses pinceaux, la frontière entre le réel et l'irréel se brouille... Peu de paysages suscitent autant le trouble de l'âme humaine. Photo Dominique Roger

Des années après cette expédition, où ma quête des mystères des monts d'Arrée demeurait insatisfaisante, je me décidais à traverser seul à pied, deux jours durant en autonomie totale, la montagne bretonne. L'Ankou, les Lavandières de la nuit, « ki du ar yun » (le chien noir du Marais) me laisseraient-ils marcher en paix ?

1er mai, 8 heures, église abbatiale du monastère cistercien du Relecq. D'abord, scruter le ciel – bien menaçant – et tailler son « penn-baz » (bâton de marche), dans une solide branche de néflier ou de noisetier. Rapidement je me hisse au sommet des roches du Relecq à 358 mètres d'altitude. La montagne livre son visage : une crête rocheuse déchiquetée qui étire ses arêtes vives de schiste et de grès telle l'échine peu amène d'un monstre antédiluvien. Première halte au Roc'h ar Feunteun. À mes pieds, les herbes jaunes gorgées d'eau, drôle de « liqueur brune venue du monde d'en bas », des tourbières qui, dit-on, n'ont pas de fond. Subitement éclairées d'un rai de lumière

Couronnant le Menez-Mikel, la chapelle Saint-Michel où l'Archange garde les « portes de l'Enfer ».
Photos Dominique Roger

blanche, les eaux bleu pastel du réservoir Saint-Michel. C'est là que palpite le cœur du Yeun Elez et que s'ouvre le Youdig, l'une des portes de l'enfer celte. Les anciens ont gardé en mémoire la terrible menace que les parents adressaient aux enfants trop turbulents : « Ma chomit ket fur/E voc'h kaset d'ar Youdig ! » (Si vous n'êtes pas sages, c'est au Youdig que nous vous mènerons). L'effet était instantané.

Du Yeun, la rivière de l'Elez s'échappe par une percée, à travers le chaos du Rusquec et la vallée de Saint-Herbot. Le ciel à nouveau s'assombrit donnant au paysage une teinte d'effroi... Je m'assure qu'aucun chien noir, de ceux qui renferment les âmes des damnés, ne rôde pour repartir, quitter à belles enjambées le puits de l'abîme.

À l'approche de midi, un timide soleil m'accueille au Roc'h Trédudon. Courte pause avant de poursuivre prestement en direction du Roc'h Trévezel. Avec ses allures de bête préhistorique, ce sommet à la noire denture schisteuse est une

Parvenu à la cime de Roc'h Trévezel, on ne peut qu'éprouver, tout physiquement, « une autre dimension de l'espace et de l'existence ».

En bas, photo Dominique Roger

table d'orientation fabuleuse : au nord, le plateau agricole et bocager du Léon ; plein ouest, la rade de Brest ; côté sud, la montagne Saint-Michel ; à l'est, la baie de Morlaix. Outre la beauté époustouflante du panorama, Roc'h Trévezel donne « une autre dimension de l'espace et de l'existence ».

Le soir venant, je redescends d'un pas allègre par un chemin pierreux bordé de mousses et de genêts. Droit devant, une silhouette s'avance vers moi. C'est ma première rencontre de la journée. Sa démarche, sa dégaine me font immédiatement penser à ces « pilhaouerien » (sorte de chiffonniers) qui sillonnaient la Basse-Bretagne à la recherche de vieilles nippes qui seront revendues dans les fabriques de papier. Il s'agit en fait d'un pèlerin effectuant à son rythme le Tro Breiz, ce grand périple autour des sept évêchés bretons. Il me renseigne sur la proximité du calvaire de Croaz Mélar, modeste croix de granit marquant le croisement de plusieurs routes. Tenaillé par la faim, je gagne à toutes enjambées la place du bourg de Commana où m'attend une douillette chambre d'hôte.

2 mai, 6 h 30. L'aube fait rosir le ciel. Je me mets en route. Les lueurs du soleil levant sur les rondeurs gréseuses du Tuchenn Gador (384 mètres) me réconcilient avec la montagne. Pas pour longtemps. Alors que je cherche les rives de la rivière, un grain me douche de la tête aux pieds. On raconte qu'au passage du cours d'eau veillaient les « lavandières de la nuit ». Ces « maouezed-noz » (femmes de nuit) attendaient le coucher du soleil pour sortir du Yeun Elez et s'en aller lessiver les suaires des défunts aux lavoirs des vivants. Gare au mortel qui croisait leur route ! Qu'une de ces Dames Blanches lui demande de l'aider à essorer ses linceuls et la mort faisait dangereusement sentir son odeur. Malheur à celui qui tordait à contresens des

Près de Commana se dresse la magnifique allée couverte de Mougau-Bihan (photo du haut). La lande qui coiffe cette montagne constitue un dais végétal où l'or des ajoncs, le mauve des bruyères flamboient sur le vert des champs et de la forêt.
Photos Dominique Roger

lavandières : il se trouvait broyé jusqu'au sang et son âme expédiée au fond du Yeun. Un seul moyen de déjouer le piège, tordre le linge dans le même sens qu'elle...

Même s'il fait désormais grand jour, inutile de traîner dans les parages... Je mets le cap sur le Menez-Mikel (381 mètres). L'ascension du « go hent » (le vieux chemin) est rude jusqu'à la chapelle Saint-Michel (XVIIe siècle) où l'archange garde les portes de l'enfer. Mais, encore une fois, l'effort est récompensé. Un soleil violent perce inopinément et embrase l'air. Au lointain, le lac de Brennilis revêt une mine plombée, tache grisâtre mat, miné tout autour de fondrières. Les portes de l'enfer, dites-vous ?

Kernévez, Kerbérou (l'ancienne commanderie templière), La Feuillée (si haut perché), puis Trédudon, Trédudon-le-Moine (le tout premier village résistant de France lors de la Seconde Guerre mondiale)... je retrouve le confortable GR 37 qui ne tarde à m'amener au Relecq.

Un groupe de touristes goguenards, agglutiné autour de la fontaine monumentale de l'abbaye, me questionne : « Avez-vous vu l'Ankou ? » Avec l'air sérieux et pénétré de celui qui a fait un long voyage, j'opinai silencieusement du chef de manière affirmative. Et en les regardant s'en aller sous la pluie, je me remémorai cette autre croyance qui veut que lorsque l'on chemine par temps de pluie sur un chemin mouillé, il convient de se méfier des parties curieusement restées sèches : des âmes errantes y font pénitence...

Vers Brennilis, le réservoir de Saint-Michel et la tourbière du Venec. C'est dans ce monde mouvant que palpite le cœur brûlant du Yeun Elez et que s'ouvre l'une des redoutées portes de l'enfer celte, le Youdig.

Photo Dominique Roger

En pays Pagan, le règne du minéral a imposé à ses habitants un mode de vie. Pour eux, le meilleur moyen de se repérer dans ces chaos rocheux est de nommer chaque rocher. Tel ressemble à un poisson, il est appelé « le rocher de la Carpe ».
Photos Dominique Roger

LES PILLEURS D'ÉPAVES DU PAYS PAGAN

Une légende tenace veut que les habitants de ce littoral aient jadis eu pour habitude d'attirer les navires sur les récifs au moyen de signaux trompeurs, afin de s'emparer de leur cargaison. Il paraît plus exact d'affirmer que les conditions de navigation en ces parages étaient si difficiles que survenaient de nombreux naufrages. De la baie de Goulven au phare de l'île Vierge, sentinelle postée à l'entrée de l'Aber-Wrac'h, les populations côtières considérèrent ces fortunes de mer comme un don du ciel. Faisant d'eux de redoutables pilleurs d'épaves plutôt que de criminels naufrageurs...

À une dizaine de kilomètres au nord de Lesneven, ancienne capitale administrative du Léon, débute un pays qui vous étrille l'échine, moins pour vous infliger sa griffure que pour vous tenir debout, tous sens en alerte.

Vous pénétrez ici, entre Plouescat, au nord, et Guissény, au sud, en pays Pagan. Ce terme impose un détour par l'histoire et exige des précisions étymologiques.

À l'aube du Ve siècle, les Anglo-Saxons boutèrent les Bretons hors de Grande-Bretagne. Selon la légende, ces derniers débarquèrent sur les côtes léonardes à bord d'étranges « barques de pierre ». Ils découvrirent une population certes chrétienne, mais à la piété mesurée en regard de leur propre ferveur. Les conquérants auraient alors appelé les autochtones « paganiz », c'est-à-dire païens, ces derniers se livrant à de suspects rites druidiques au chevet des pierres mégalithiques.

Plus prosaïquement, le mot breton « pagan » proviendrait du mot latin *paganus*, soit le citoyen d'un *pagus* (pays), circonscription rurale de la Gaule.

Comment les « paganiz » se bâtirent-ils – à leur insu semble-t-il – une si solide et effroyable réputation de naufrageurs de navires, de pilleurs d'épaves, de « saltins » (appellation locale donnée à ces hommes, femmes et enfants écumeurs de grèves) ? Auraient-ils été plus malveillants que les autres populations littorales ? Pour comprendre ce pays et la mentalité de ses habitants, il faut se retourner sur les siècles passés, à une époque où la Bretagne et ses côtes finistériennes ne sont « que vastes

À la sortie du bourg de Brignogan-Plage, un menhir christianisé de huit mètres de haut arbore une grande croix à son sommet, et une petite croix gravée sur son flanc est. On le désigne sous le nom de Men Marz, la « pierre du miracle ».
Sur cette frange sauvage du littoral finistérien, prenez gare à l'apparente douceur des choses : le vent et la mer sont souvent sans pitié...
Photos Dominique Roger

Héros populaire pour les uns, sanguinaires hors-la-loi pour les autres, la figure du pilleur d'épaves atteint au rang de mythe.
Sur la photo du dessous, le phare de Pontusval.
Carte postale ancienne : Collection Dominique Roger.
Photo Dominique Roger.

bourbiers où les hommes, peau tannée, hardes sur le dos, combattent continuellement les éléments pour assurer la survie des familles » (Jacques Cambry). Dans ce contexte de misère, qu'un navire drossé à la côte par un tempétueux vent de « kornog » (plein ouest) et de nerveux courants de marée « offre » une épave aux riverains, c'était là une fortune de mer providentielle !

De nos jours, il est toujours possible de mettre ses pas dans ceux des pilleurs d'autrefois... et avec un peu d'imagination de revivre une légende qui continue de faire couler beaucoup d'encre et d'alimenter une mémoire orale transmise par les contes.

Tout en longueur, la commune de Plounéour-Trez occupe une légère éminence dans un repli de la baie de Goulven. Localisée par sa pierre levée christianisée, au lieu-dit Beg ar Groaz, elle offre une vue exceptionnelle : en face, l'anse de Goulven que le jusant dénude sur plus de 5 kilomètres ; en direction du sud-est, l'un des plus importants ensembles dunaires de

Bretagne, les dunes de Keremma, ourlant la côte sur quelque 6 kilomètres, jusqu'à l'anse de Kernic. Par le sentier des douaniers, suivez la côte jusqu'à Brignogan-Plage, via Kerurus, grève que les goémoniers ratissent depuis des siècles. De la petite station balnéaire, blottie au fond d'une baie en arc de cercle façonnée par les vents et les courants, gagnez en direction de la pointe de Pontusval le haut menhir de Men Marz (pierre du miracle). À ce menhir christianisé, l'un des rares exemples de ce type en Bretagne, est attachée une légende selon laquelle saint Pol Aurélien, premier évêque du Léon, aurait imposé à la montée des eaux cette limite. Une pierre est érigée à l'endroit précis. Dans cette pierre sacrée, une large encoche se fait jour. Les jeunes filles y prirent l'habitude d'y jeter des cailloux. Si celui-ci restait bloqué dans l'entaille, leur mariage se réaliserait dans l'année...

Ménéham, l'ancien village de goémoniers, avec ses modestes chaumières enkystées dans le granit et son fameux corps de garde, totalement invisible lorsque l'on se trouve en mer.
Photos Dominique Roger

À la pointe de Beg-Pol, c'est la tour blanche du phare de Pontusval qui vous sert d'amer. Construit en 1866, ce feu représente l'exemple type des maisons-phares dont l'administration du Second Empire encouragea l'édification partout où il fallait signaler des alignements et des entrées de port. Ce phare de quatrième catégorie est situé à mi-chemin entre Batz et l'île Vierge.

À proximité du phare de Pontusval, dissimulée par d'énormes boules de granit, trouvez la chapelle Pol. C'est ici que l'ermite saint Pol Aurélien aurait débarqué, après avoir traversé la Manche sur une barque de pierre. Dominant le site du sanctuaire, une discrète guérite circulaire ; elle fait partie des ouvrages fortifiés commandés par Vauban pour contrôler l'arrivée d'éventuels navires ennemis en provenance d'Angleterre. De son sommet se déploie une vue grand angle sur toute la pointe.

Plus loin vers l'ouest, le sentier passe devant une bien surprenante construction : le hameau de Ménéham. Dans un incroyable paysage parsemé de rochers dantesques, tapi entre deux chaos rocheux, surgit un ancien petit village de pêcheurs. Face à ce décor minéral, tout juste remarque-t-on un corps de garde de douaniers du

Les statues-totems de Corréjou

Au nord de Plouguerneau, trouvez le petit port goémonier du Corréjou. Disséminée dans la lande bordant l'ancien corps de garde ou le long de la cale de débarquement des bateaux goémoniers surgit une statuaire de granit. L'origine de la plus haute et plus élaborée de ces statues remonte au 12 février 2000... Jean-Yves Breton navigue à bord de son sloop goémonier, le *Saint-Paul*. La mer est formée, mais le coup de vent n'est pas en vue avant la soirée. À l'approche des récifs de Lizenn-Du, le bateau, capelé par une déferlante, embarque une énorme quantité d'eau. Le *Saint-Paul* dérive dangereusement vers les brisants de la pointe de Kerlouan. Le canot de la SNSM part à sa recherche, en vain. Le capitaine sera retrouvé sain et sauf au matin au large de l'île de Batz. Quatre ans après cette fortune de mer, Jean-Yves Breton rencontre un autre Breton, prénommé François. Lui aussi marin, il écoute le récit de son homonyme. Comme François est également un sculpteur de talent, il décide de graver à jamais dans la pierre un ex-voto. Quelques mois de travail plus tard, la statue-totem à l'effigie de saint Paul s'enchâssait dans la roche à l'entrée du port.

L'une des statues-totems du port de Corréjou. Photo Dominique Roger

XVIIIe siècle. Dans sa gangue de pierre, il semble toujours veiller sur le labyrinthe maritime lui faisant face, où chaque îlot, chaque récif menace d'ouvrir en deux les bateaux s'aventurant dans les parages, telles de vulgaires huîtres sauvages. Aujourd'hui, le hameau fantôme renaît de ses cendres. Un projet de restauration et de création d'un village d'artisans et d'accueil touristique a redonné vie aux modestes chaumières et « lochenn » (canots dont les coques ont été renversées pour servir d'abri au matériel) des pêcheurs et goémoniers.

À Guissény, porte d'entrée occidentale du pays Pagan, eau salée et eau douce, celle de la rivière Quillimadec, se mêlent dans l'anse de Tresseny. Estran sableux, rochers aux formes animales ou humaines, marais piqueté de lavande de mer se côtoient. Cinq pointes et presque autant de grèves (Vougo, Zorn, Blanche), des criques discrètes lumineuses de sable blanc, des presqu'îles abritant de minuscules ports vous mènent à l'entrée de l'Aber-Wrac'h. Déjà un autre monde.

Parfois, il suffit d'un regard furtif pour surprendre une étrange assemblée… Le peuple de pierre, frères de roc de la côte, peuvent nous raconter tant de choses que nous sommes incapables de voir. Mais « Jamais sur les rochers/Trace de leurs alarmes,/Pas même en notre absence,/Ils n'avoueraient » (Eugène Guillevic).

Photos Dominique Roger

LE LINCEUL DE SABLE D'ILIZ-KOZ

En plein pays Pagan, un village enseveli sous le sable au XVIIIe siècle livre ses secrets.

Comme toutes les légendes, celle de Tremenac'h se perd dans la nuit des temps... Donc, en ce temps-là, la paroisse de Tremenac'h, ancrée à l'abri d'une dune au nord de Plouguerneau, comptait une centaine d'âmes, vivant comme toute la population du pays Pagan de la pêche, de la récolte du goémon et du pillage d'épaves. Livrée au désœuvrement, une bande de jeunes « paganiz » s'ingénia à jouer un bien mauvais tour au brave curé aveugle de l'église paroissiale. La petite troupe se présenta à la porte du presbytère, réclamant les sacrements du baptême pour un frêle nourrisson emmailloté de la tête aux pieds. Avec les gestes lents et sûrs de ceux qui vivent dans une nuit permanente, le prêtre revêtit ses plus beaux atours sacerdotaux et réunit son petit monde autour des fonts baptismaux. Il récita les traditionnels extraits de la Bible, bénit l'eau et la versa sur l'enfant... Immédiatement, des feulements rauques vrillèrent violemment le silence du sanctuaire, les langes se gonflèrent jusqu'à voler en éclats laissant apparaître la tête ébouriffée d'un chat aux yeux luisant de terreur ! La petite bande de mécréants s'éparpilla dans la nature, poussant de grands éclats de rire au nez et à la barbe du curé. La mascarade de mauvais goût aurait pu en rester là, si la puissance divine n'avait décidé d'appliquer son implacable châtiment...

Aux douze coups de minuit, la mer se souleva sous les bourrasques folles du vent, soufflant en rafales à plus de 100 nœuds. Le cordon dunaire protecteur d'Iliz-Koz (la Vieille Église) céda sous les coups de boutoir têtus du noroît, des milliers de tonnes de sable se soulevèrent dans les airs avant de retomber quelques centaines de mètres plus loin sur Tremenac'h la pécheresse. Aux premières lueurs de l'aube, les éléments se turent brusquement. Le village de pêcheurs était totalement enseveli sous un funeste suaire d'arène.

Aussi forte soit la légende, la science présente une explication plus rationnelle à la disparition de ce village. Aux alentours de 1550, une régression marine[1] entame un inexorable travail d'assèchement des dunes sur toute la frange littorale septentrionale du Finistère. À Tremenac'h, les vents de noroît désagrègent le cordon dunaire qui, telle une armée conquérante, se déplace en rangs serrés pour assiéger progressivement le village. Grâce aux registres paroissiaux et aux archives de la seigneurie des Parscau retrouvés, on peut retracer l'histoire de l'ensablement. Un dimanche de 1666, les fidèles assemblés à la messe se retrouvent prisonniers d'une tempête de sable. On s'échappe par le toit, toutes les issues se retrouvant bloquées. L'exil commence. En 1729, c'est l'église qui disparaît. Un demi-siècle plus tard, plus personne n'est en mesure de retrouver trace du village de Tremenac'h...

En 1960, la pelle d'un bulldozer effectuant des travaux de terrassement bute contre un solide mur de granit : Iliz-Koz allait petit à petit refaire surface.

1. Un refroidissement du climat a entraîné une baisse sensible du niveau de la mer. Les vents ont desséché les grèves et formé des dunes qui se sont mises en mouvement vers l'intérieur des terres.

La nécropole d'Iliz-Koz constitue un précieux témoignage de la société médiévale. Les tombes gravées de motifs des corporations d'artisans côtoient celles de riches négociants, de marins, d'armateurs, de chevaliers, de prêtres...

« Pour vivre en ces lieux, il faudrait être sans espérance et ce n'est pas facile. [...] Par ce temps Tévennec est inabordable, évidemment » (Jean-Pierre Abraham).
Photo Jean Guichard

TÉVENNEC, MAUDIT DESTIN !

Morts brutales, phénomènes paranormaux, gardiens devenant fous... le phare de Tévennec mérite jusqu'au début du XXe siècle sa réputation d'enfer sur la mer.

En 1870, afin de baliser le redoutable passage maritime entre l'île de Sein et le cap Sizun, la Commission des phares décrète la construction d'un phare sur l'îlot de Gorlé-Bella, situé à quelques encablures de la Vieille. Presque cinq ans vont être nécessaires pour que la maison-phare, un « purgatoire » dit-on dans le jargon des gardiens (les phares de mer sont des « enfers » et les phares à terre sont qualifiés de « paradis »), prenne place à une quinzaine de mètres au-dessus des flots. Le chantier durant, le quotidien des ouvriers est émaillé de faits étranges qui usent les nerfs et rabotent les énergies des hommes. En 1874, le Sénan Henry Posmorguer, gardien chevronné, prend le premier poste à Tévennec. Sa démission est rapide. Treize de ses successeurs font de même. Les Phares et Balises essayent toutes les solutions : mettre des gardiens plus expérimentés en poste, proposer les missions à des couples mariés, faire bénir l'îlot par un prêtre... En vain. La légende noire de Tévennec ne fait que grandir. En février 1910, l'administration baisse la garde devant les manifestations hostiles du destin : Tévennec dès lors se passera de gardien. Et devient ainsi le premier phare équipé d'un feu automatique.

Plus près de nous, deux plongeurs ont découvert qu'il existait un passage sous-marin d'une vingtaine de mètres traversant toute la largeur de l'îlot. Par fortes houles, l'air se comprime dans le conduit sous la pression de l'eau et s'échappe de ce siphon naturel en émettant des râles effrayants. Serait-ce là la clef du mystère des plaintes poussées par les Crierien évoqués par Anatole Le Braz ? Rien n'est moins sûr...

CAIRN DE BARNENEZ, LE SOMMET DE L'ÎLE DES SAINTS

Sur la rive droite de la rivière de Morlaix, au nord du bourg de Plouezoch, la petite presqu'île de Kerneléhen avance sa tête face à l'île Noire. Posté juste à sa pointe, le cairn de Barnenez, le plus ancien et le plus grand d'Europe.

Barnenez-ar-Sent, « le sommet de l'île des saints », est un lieu-dit qui connut jusqu'au début des années 1950 une activité d'extraction de la pierre. Malgré les nombreux et insistants cris d'alarme lancés par les « antiquaires » au XIXe siècle et au début du XXe, ce monument mégalithique majeur dressé en baie de Morlaix faillit disparaître sous les coups de pelles mécaniques d'un entrepreneur carrier. En réalité, ce sont deux tumulus qui coexistaient ici, distants d'une centaine de mètres l'un de l'autre. Les riverains de la baie s'y rendaient fréquemment. La carrière arasa l'un d'eux totalement ; le second ne fut sauvé que d'extrême justesse par l'intervention de l'archéologue Pierre-Roland Giot auprès des autorités préfectorales qui firent finalement classer monument historique (1956), fouiller et restaurer l'édifice. Les campagnes de fouilles du cairn vont livrer l'essentiel de ses mystères. Son impressionnante architecture à parements étagés se compose d'un amoncellement de plus de 10 000 tonnes de pierre. Avec une longueur de 75 mètres, une hauteur sous couverture d'une huitaine de mètres et une largeur variant entre 15 à 30 mètres, il abrite onze dolmens à couloir, précédés d'un couloir principal formé de stèles. Les chambres mortuaires sont voûtées en pierres sèches. Certaines stèles sont ornées de motifs gravés aux messages bien mystérieux.

Une datation grâce au procédé du carbone 14 permet de penser que le cairn fut achevé entre 4 500 et 4 200 ans avant notre ère. Ce qui en fait le plus ancien témoignage mégalithique d'Europe.

Cairn de Barnenez.
On racontait que les korrigans y menaient, dès le soleil disparu de l'horizon, grande vie au cœur d'un réseau de souterrains que l'on imaginait gigantesques et labyrinthiques.

L'Ankou de l'ossuaire de Bulat-Pestivien fut baptisé par un Prosper Mérimée impressionné, « le spectre hurleur de la mort ».

L'ANKOU, LA MORT FAMILIÈRE

Qui est l'Ankou ? Son nom, probablement d'origine galloise (« angheu ») et cornique (« ankow »), apparaît au IXe siècle dans la langue bretonne. La parentelle avec les mots « Anken » (le chagrin) et « Ankoun » (l'oubli) est évidente. Il se présente aux hommes d'ici-bas, le plus souvent, sous la forme d'un squelette au crâne à l'expressivité effrayante. On le rencontre la nuit, par temps « à ne pas mettre un bon catholique dehors » ; il est quelquefois drapé d'un linceul blanc. Il empoigne une faux (dont la lame peut être emmanchée à l'envers, tranchant tourné vers l'extérieur), une bêche, un pieu, voire un marteau. Son genre est masculin et il n'entretient aucune relation avec le diable ni avec les saints du paradis. Ses racines sont à rechercher dans le très ancien fonds des mythologies des royaumes celtiques. Au XIXe siècle, l'« oberour ar maro » (l'ouvrier de la mort) fait entendre les bruits aigres et lancinants des roues de son lugubre char ou charrette (Karrig an Ankou, Karriguel).

Ci-dessous l'Ankou sur l'ossuaire de Ploudiry.

À l'intérieur de la chapelle Saint-Gilles en Guern, un crâne incrusté dans la maçonnerie.

Ce spectre macabre, pour être redouté de tous et représenter le dieu de la Mort des anciens Armoricains, n'est qu'un des éléments d'une culture où tout était fait pour « habituer à la peur ». Au Moyen Âge, la Bretagne est décimée par les guerres (de Cent Ans, de Succession de Bretagne...), les disettes, la grande épidémie de peste noire de 1348. Les villes et les villages font le compte de

Ci-dessous

L'horloge de l'église de Maël-Pestivien sonne-t-elle votre dernière heure ?

Deux visages de l'Ankou : à gauche, celui de l'église de l'enclos paroissial de La Roche-Maurice ; à droite, celui qui orne la façade de l'église d'Argol.

leurs milliers de disparus. Paysans miséreux, seigneurs, dignitaires de l'Église, personne n'est épargné par le « grand valet de la mort ». À partir des XVe-XVIIe siècles, l'Église inscrit cette hantise de l'heure dernière dans les lieux de culte. Les murs des sanctuaires se couvrent de fresques et de peintures à la détrempe figurant des scènes édifiantes, telle la vogue des danses macabres, dont un bel exemple orne la chapelle de Kermaria-An-Isquit à Plouha (Côtes-d'Armor). Dans le Léon et le Trégor finistérien, les enclos paroissiaux possèdent tous de monumentaux ossuaires. Dans ce *memento mori* gravé dans le granit, l'Ankou ne cesse de rappeler aux humains que la vie n'est que passage. À La Martyre, la sculpture de l'Ankou, tête d'un homme sous le bras, paraît guetter au-dessus du bénitier, tandis que l'ossuaire délivre clairement son message en breton : « Han maro han barn han infern/Ien pa bo soing den e tle crean./Fol eo na preder e esperet/Guelet ez eo ret decedi » (La mort, le jugement, l'enfer froid./Quand l'homme y songe, il doit trembler./Fou est celui dont l'esprit ne médite./Sachant qu'il faut mourir.)

À Ploumilliau, c'est une statue en bois qui représente l'Ankou armé d'une faux à la lame acérée à sa dextre et une pelle (ou bêche) à sa senestre. Le garçonnet qu'était Anatole Le Braz y vivait chaque office dominical dans une totale frayeur. Pourtant, les paroissiens, comme pour rendre l'Ankou plus « fréquentable », l'avaient affublé d'un surnom, « Ervoanik Plouillo » (Yves de Ploumilliau).

Dans d'autres sanctuaires encore, la présence du grand Faucheur s'accompagne de sentencieuses phrases en latin. À La Roche-Maurice, un « Je vous tue tous » sonne comme une redoutable menace. À Saint-Thégonnec, on exhorte le fidèle à son devoir de mémoire : *Memor esto judicii mei sic erit et tuiu mihi hodie tibi cras* (« Garde mémoire de mon jugement comme sera le tien ; c'est mon tour aujourd'hui, demain ce sera le tien »). Autant de façons d'apprivoiser la fatalité.

Le langage des intersignes

L'Ankou s'adresse également « en direct » aux Bretons. Il leur parle par intersignes, codés ou facilement interprétables, annonciateurs d'un passage dans l'Autre Monde imminent. « Le légendaire de la mort, où le médecin est totalement absent, où le prêtre n'est que le serviteur de la volonté pratique, à moins qu'il ne s'agisse d'un vieux recteur encore à moitié druide à moitié sorcier, donnait, en revanche, une place exceptionnelle à la dépendance magique de l'homme à l'égard de son cadre naturel [...] Lorsque cette dépendance a pour objet la mort, elle s'exprime dans le domaine de l'intersigne » (Jean Balcou). Ces intersignes, à la fois universels et particuliers, se repèrent le plus fréquemment à l'ouïe et à la vue : une charrette dont les grincements retentissent au cœur d'un chemin creux ; des animaux qui se manifestent bruyamment à des moments de la journée ou de la nuit ordinairement incongrus ; les cris perçants de l'épervier tournoyant autour de la maison ; les pies qui bavardent sans s'interrompre à votre passage ; des coups à la porte sans que personne ne se présente sur son seuil... Mais attention, ces intersignes ne s'adressent jamais directement à celui qui va mourir. Ils se manifestent auprès d'un tiers, qui devient ainsi une preuve vivante de l'« avènement » (ou avision) ; de son expérience, il pourra en faire « toute une histoire » à rapporter à la communauté. Mises bout à bout, ces histoires tissent l'écheveau ténu de la légende de l'Ankou.

L'effrayante statue de l'Ankou conservée au musée de Morlaix et, à Ploumilliau, l'Ankou armé de sa faux et de sa bêche. Tous deux « comme l'ombre projetée en avant de ce qui doit arriver » (Anatole Le Braz).

Le cœur de la forêt de Huelgoat est irrigué par la rivière d'Argent, ainsi dénommé en raison des mines argentifères qui y étaient autrefois exploitées. Non loin du camp d'Artus se trouve la Mare aux Sangliers.

HUELGOAT, LES SECRETS DE LA « HAUTE FORÊT »

Vestige occidental de l'ancienne sylve de Brocéliande, qui recouvrait une grande partie de la région jusqu'au XVIe siècle, la forêt d'Huelgoat est aussi féconde en curiosités naturelles qu'en légendes merveilleuses.

Padraig est originaire de Perth, frontière entre Hautes et Basses Terres d'Écosse. Ancien soldat de l'armée britannique, il a tout quitté il y a quelques années pour poser son havresac dans une maison au sol en terre battue, perdue dans les monts d'Arrée. Devenu photographe, il a fait de la forêt d'Huelgoat et de ses chaos l'un de ses sujets de prédilection, « presque obsessionnel », confie-t-il. Ses images sur « la forêt hantée » ont été exposées un peu partout. Je le rencontrai par le plus grand des hasards un après-midi bruineux à « L'Autre Rive », le cybercafé-librairie sis au hameau de Restiniou Vraz, près de Berrien. Une blonde Tantad brassée à Huelgoat poussant l'autre, Padraig me propose tout à trac de m'initier aux mystères de cette forêt.

Le lendemain de notre rencontre, nous sommes accoudés au pont surplombant le chaos du Moulin. La rivière d'Argent, refuge des princesses celtes et des druidesses, forme une

cataracte bruyante couvrant par intermittence la voix de mon guide. Avant de nous enfoncer dans ce paysage chaotique, il me raconte que ces blocs erratiques et moussus dissimuleraient les ruines d'une cité cyclopéenne, érigée en des temps anciens par un peuple de barbares qui se moquaient des préceptes enseignés par la chrétienté. La colère du ciel les condamna à périr engloutis. Depuis, les mécréants auraient rebâti leur cité maudite dans les entrailles de la terre d'Huelgoat...

Peu rassuré, je m'engage dans les pas de Padraig sur l'étroit et abrupt sentier courant sur la rive droite de la rivière, entre un amoncellement de blocs granitiques paraissant en équilibre précaire les uns sur les autres.

Fermement cramponné à la rambarde de l'escalier glissant plongeant au cœur de la grotte du Diable, je ne me doutais pas que le gouffre marquait la « route des auberges » où quatre-vingt-dix-neuf affriolantes serveuses soumettaient à la tentation le mortel... Et gare au pauvre hère qui succombait à leurs propositions ! Par un théâtre de verdure en surplomb d'un ravin, nous parvenons à la Roche Tremblante. Une pierre géante, jaugeant plus de 100 tonnes, longue de 7 mètres et haute de 3. Padraig s'arc-boute en un point précis de la roche et

Territoire magique entre tous, insinuez-vous au creux des pierres, verdies et moussues, du chaos de Huelgoat.

Parviendrez-vous, d'un simple coup d'épaule, à faire bouger la monumentale Roche Tremblante ?

d'une simple pression du dos la fait bouger. Impressionnant.

Ensuite, descendant toujours plus profond au creux du vallon, se profilent le Ménage de la Vierge et ses excavations creusées par l'érosion dans la roche, y évoquant tout un fatras ménager ; on y est même censé voir le berceau où reposait l'Enfant Jésus... Mais c'est une autre figure, féminine et plus inquiétante, qui hante le chaos de Huelgoat : Dahud (Ahès), la princesse d'Ys et fille du roi Gradlon. Ici, en sa demeure de Kastel-Guidel, elle menait sa vie débauchée. Ses amants consommés, elle chargeait son âme damnée, l'Homme Noir, de les précipiter au fond du gouffre. Ce dernier existe bel et bien, et la rivière d'Argent y forme une cascade écumeuse.

Padraig m'enjoint de quitter un instant le légendaire pour m'emmener devant la stèle dressée en hommage à Victor Segalen. Le retour à la légende me plonge dans celle d'Arthur et des chevaliers de la Table ronde par l'intermédiaire d'un certain Artus. Même si la figure du preux monarque semble contestée par ce personnage plus proche du chasseur et guerrier gaulois.

Protégé par une haute motte artificielle, le camp d'Artus serait, selon les archéologues, une enceinte celtique fortifiée de l'époque gauloise où auraient vécu les Osismes. Jusqu'au milieu du XIXe siècle, les paysans huelgoatais refusaient de s'y aventurer la nuit venue, assurés que des êtres démoniaques veillaient farouchement sur d'insoupçonnés trésors...

Quel secret mortel le chaos de Huelgoat murmura-t-il à Segalen au moment où il rejoignait l'autre monde ?

Victor Segalen

Médecin et grand voyageur-explorateur, fin connaisseur de l'Océanie et de la Chine où il mène des expéditions archéologique et géographique, Victor Segalen (1878-1919) est malade, victime d'une dépression profonde, lorsqu'il séjourne à Huelgoat. Il a l'habitude d'effectuer de longues promenades solitaires dans la forêt et ses chaos. Le 23 mai 1919, il est retrouvé mort au pied d'un arbre de la forêt. Un exemplaire d'*Hamlet* de Shakespeare gît à ses côtés. Même si mourir en lisant le génie du paganisme occidental au cœur du dernier grand sanctuaire du druidisme n'est pas une disparition banale, les conditions de son décès ne seront jamais clairement établies.

Jack Kerouac sur la route d'Huelgoat

Lorsque Jean-Louis Lebris de Kerouac, dit Jack Kerouac, naît, en 1922, dans le village d'immigrants franco-canadiens de Lowell (Massachusetts), il ne peut se douter de l'incroyable destin qui le conduira finalement jusqu'à Huelgoat, en terre bretonne.

D'une enfance et d'une adolescence dans un milieu social modeste, où son père, victime de la crise économique, noie son désarroi dans le jeu et l'alcool, et très catholique, dans une Nouvelle-Angleterre très protestante, le jeune homme étouffe et veut connaître le monde. Athlétique, Jack est attiré par le sport, puis, doué pour les études, il quitte Lowell pour l'université de Columbia à New York. Le choc culturel est intense. Après avoir été tenté par une carrière militaire, il part en compagnie de Neal Cassidy « faire la route ». Son désir : regarder l'Amérique au fond des yeux et en restituer une réalité tout autre que celle de l'« American way of life ». Dix ans d'une vie libre, anticonformiste, ponctuée de rencontres invraisemblables, tant avec les blessés de la société (hobos et fellaheens) qu'avec des artistes d'une contre-culture. Il se lie d'amitié avec des poètes et écrivains comme William S. Burroughs, Allan Ginsberg, Gregory Corso… Avec eux, et avec la parution de *Sur la route* (sorti en 1955, le livre connaît rapidement un succès phénoménal), il participe à la création d'un puissant courant culturel, la « beat generation », dont les effets sont incontrôlables sur toute la société occidentale.

Sur la fin de sa vie, qui s'arrêtera prématurément à 47 ans suite à des problèmes de santé liés à son alcoolisme, Jack Kerouac, qui a touché à tout et vécu des dizaines d'existences en une, va être taraudé par une question : d'où je viens, quels sont mes ancêtres ? Lui, le « canuck » (Français originaire du Canada), va traverser l'Atlantique

En bas
Près du camp d'Artus, on prétend qu'Artus vivait reclus dans cette grotte.

pour tenter de découvrir les racines bretonnes de sa lignée. Il est hébergé, à Locmaria-Berrien, par l'écrivain, poète et chanteur breton Youenn Gwernig (1925-2006) qu'il a connu aux États-Unis où ce dernier avait émigré jusque dans les années soixante. Pour toute certitude, il sait que son aïeul, un dénommé Urbain François Le Bihan, sieur de Kervoach, s'installa « en Amérique », comme beaucoup de Bretons au XVIIIe siècle. Mais ce dernier, en bon Kervoach, aime à brouiller les pistes. Et, malgré son obstination, Jack Kerouac échoue à percer le mystère de ses origines. Il faudra attendre 1999, soit trente ans après la disparition de l'écrivain, pour que l'énigme familiale soit levée grâce au travail de la généalogiste Patricia Dagier et du journaliste Hervé Quéméner. La réponse à l'interrogation de Jack Kerouac se trouvait inscrite sur une pierre de l'église d'Huelgoat depuis 1698 ! Cette année-là, l'ancêtre des Kerouac d'Amérique, François Joachim Le Bihan, sieur de Kervoach, natif de la paroisse de Lanmeur et exerçant la profession de notaire à Huelgoat, fut nommé procureur de fabrique, ayant donc charge de gérer les intérêts de la communauté religieuse de la paroisse et de veiller à la bonne réalisation des travaux de l'église Saint-Yves d'Huelgoat. En reconnaissance de sa mission, une pierre taillée et placée au-dessus du vitrail à l'arrière du sanctuaire le fit entrer dans l'histoire. Le notaire royal eut un fils, Urbain François Le Bihan, sieur de Kervoach, qui traversa l'Atlantique en 1721. On sut qu'il arpenta la Nouvelle-France, faisant négoce de fourrures, puis on perd sa trace. On ne sait trop pour quelle raison, il trompera l'état civil en signant, lors de son union avec Louise Bernier, le 22 octobre 1732 à Cap-Saint-Ignace (Québec), Maurice-Louis-Alexandre Le Bris de Kervoach.

Depuis 2001, une plaque apposée près du moulin rappelle l'histoire des Kerouac d'Huelgoat. Une stèle Kerouac a également été érigée à Lanmeur au lieu-dit « de Kervoac ».

A gauche
Qu'est-ce que Jack Kerouac, l'Américain fer de lance de l'insoumise « beat generation », vint quérir exactement à Huelgoat ?

Le pont du Diable, ou pont Krac'h, à marée basse.

ABER-WRAC'H, UN PONT NÉ D'UN PACTE DIABOLIQUE

L'Aber-Wrac'h est le plus sauvage et le plus long des trois fjords entaillant cette partie nord de la côte finistérienne. C'est également celui qui dégage l'atmosphère la plus mystérieuse. Il n'y a qu'à sillonner à pied ses rives pour y entendre parler du diable...

Pierrick nous a donné rendez-vous sur la place de Plouguerneau en cette soirée de mai au ciel instable. Il doit nous conduire jusqu'au pont du Diable. Silhouette rondouillarde, grande barbe blanche, deux yeux bleu outremer pétillants de vie, Pierrick ressemble à quelque être entre le korrigan et le nain de jardin. Nous sortons de Plouguerneau par la D 13 filant au sud en direction du nouveau pont de Paluden. La première petite route sur la gauche avant d'enjamber l'aber nous fait remonter la rive droite de la rivière maritime. Un cheminement superbe qui surplombe l'Aber-Wrac'h. Bientôt, le sentier dévalant vers l'aber se présente devant nous. Pierrick ouvre la marche. « Un conteur a sans cesse un pied dans le passé, l'autre dans le présent... et la tête ailleurs ! Marcher m'aide à fatiguer mes histoires, dans les sens où l'on dit dans la bonne société

La chapelle Prat-Paol
et ses trois sources d'eau pure.

"fatiguer la salade". » Chaque fois que la marée est favorable à ses promenades, Pierrick franchit ce pont. Et quel pont : le pont an Diaoul, dit aussi pont Krac'h ou pont du Diable ! Pierrick s'assure que la marée nous laissera le temps de traverser et de revenir sur nos pas sans encombre.

En file indienne, nous nous engageons sur cet étrange amoncellement de grosses pierres branlantes, recouvertes d'une épaisse couche de varech noir et glissant. Une trentaine de mètres plus loin, nous voilà rive gauche, au pied d'une solide et courte croix. Notre guide reprend son souffle et se transforme en conteur pour nous livrer les secrets du pont du Diable. Il était donc une fois un brave meunier exploitant un moulin sur la rive de Plouguerneau. Fournisseur des habitants de la rive opposée, celle de Lannilis, l'absence de tout pont l'obligeait à de fastidieux détours. Un jour de grand dépit, il invoque le diable. Dans l'instant, il apparaît et lui propose un pari : « Je te construis en une nuit le pont dont tu rêves, mais en contrepartie la première âme qui franchira le pont m'appartiendra. » Le meunier acquiesce. À l'aube suivante, il se rend au bord de la rivière un sac sur le dos. Le diable est en train de poser sa dernière pierre. Il ricane de la bêtise du meunier lorsque celui-ci ouvre brusquement son sac d'où s'échappe, toutes griffes dehors, le chat. En quelques bonds, il disparaît à l'autre bout du pont. Enragé, le diable jette sa lourde masse à l'encontre du félon félin. Elle se plante lourdement sur la berge et se transmue en une croix de pierre. Ennoyé à chaque marée, le pont daterait de l'âge du Fer, avec un remaniement probable au Moyen Âge.

MÉNEZ-HOM, LA MONTAGNE AUX SORTILÈGES

Point culminant des Montagnes Noires, dont il forme l'extrémité occidentale, le Ménez-Hom occupe une position géographique clef à l'entrée de la presqu'île de Crozon.

Au début des années 1990, le conteur Alain Le Goff travaille à un texte sur la légende du roi Marc'h, le monarque aux oreilles de cheval, et à l'histoire qui lui est liée, celle éternelle de Tristan et Yseult. Alors que je le rencontrais en pleine séance de création, il me proposa de le suivre sur les chemins escarpés des versants de l'une des plus légendaires montagnes de Bretagne...

Planté à l'extrémité nord-ouest des crêtes de la Montagne Noire, sur le territoire de la commune de Plomodiern, le Ménez-Hom ressemble, du ciel, à un gros bouton rond et ras poussé entre la baie de Douarnenez et la rade de Brest. Culminant à 330 mètres d'altitude, ce témoignage d'un très ancien volcan est un belvédère très fréquenté par les adeptes de vol à voile, qui viennent y profiter des courants thermiques ascensionnels. C'est qu'ici, la « montagne » offre des

panoramas époustouflants sur cette presqu'île étreinte en permanence par le vent salé drossé par l'océan.

L'ascension, car aussi modeste soit l'altitude le dénivelé est bien réel, du versant nord nous hisse à Bern Mein, lieu où bat le cœur encore tiède de la légende. Nous nous plaisons à imaginer Anatole Le Braz, le grand collecteur de contes et conteur lui-même, soutenant, bras dessus bras dessous, la vieille mendigote Katic Coz qui lui raconta, en 1893, une version de la légende du roi Marc'h consignée dans sa *Légende de la mort en Basse-Bretagne*.

Mon compagnon de crapahut ne dit rien, trop occupé à mâcher et remâcher les mots qui insuffleront une vie nouvelle à une très vieille histoire. Et puis, soudainement, il pointe du doigt une sorte de cairn : « Ar Bern Mein... c'est là que repose le roi Marc'h. » Alain m'invite à ramasser une pierre et à la déposer sur le monticule. On raconte que le roi Marc'h fut enterré sur ce versant du Ménez-Hom, mais que pour jouir du repos éternel une condition devrait être respectée : que la hauteur des pierres constituant son tombeau lui permette d'apercevoir la chapelle Sainte-Marie, dressée sur le versant opposé. Depuis, chaque visiteur soucieux d'accomplir un geste charitable apporte sa modeste contribution minérale. Mais, le cairn n'a pas atteint une hauteur encore suffisante...

De grès armoricain et de schiste sombre, cette « épine dorsale » vous hissera auprès du Roi-Cheval, « l'éternel voyageur des ténèbres » ; vous fera découvrir l'amour absolu de Tristan pour Yseult ; vous entraînera entre Petite et Grande Bretagne. Mais, attention, pour accomplir ce « voyage », il faut savoir écouter et voir...

Ce cheval de granit semblant s'enfuir, ne serait-ce pas le roi Marc'h ? Ci-contre, le Bern Mein, un cairn où il reposerait. N'hésitez pas, lorsque vous passerez à ses pieds, déposez-y une pierre. De ce geste charitable, la légende vous sera reconnaissante.

Assis sur un petit talus bordant le GR 37, j'écoute Alain Le Goff. À l'horizon, le soleil décline en une boule orange qui inéluctablement va glisser dans les entrailles de l'océan pour rejoindre l'autre monde...

Marc'h était un seigneur craint pour sa dureté mais respecté pour sa justesse, sa sagesse, sa droiture. Dahut, la fille pécheresse du roi de Cornouaille, l'humilia en l'affublant des mêmes oreilles et de la même la crinière que son magnifique destrier Morvac'h. Depuis ce temps, afin de cacher aux yeux du monde son honteux secret, le roi ne se montrait que la tête couverte. À chaque fois qu'il devait se faire raser, le barbier quéri devait mourir, condition *sine qua non* à la conservation du secret. Un jour, Marc'h décide d'épargner un jeune barbier du nom de Yeunig (dont les ciseaux posséderaient un pouvoir magique), en échange de quoi il lui impose le plus absolu des silences. Le barbier promet de rester muet comme une tombe. Mais le secret est si lourd à porter que le jeune homme veut se soulager de ce poids. Il cherche un lieu isolé, s'y rend avec moult précautions et enfouit sa tête dans la terre à laquelle il révèle l'indicible histoire : « Le roi Marc'h a les oreilles de son cheval Morvac'h. » Immédiatement, de cette terre vierge de toute forme de vie surgit une touffe de tendres roseaux.

Le temps passe. Le roi Marc'h décrète une grande fête en l'honneur du mariage de sa sœur Bleunwenn avec le roi du Léon, Rivalen. Les meilleurs sonneurs de biniou et bombarde de la contrée accourent ; ils cherchent les plus beaux roseaux pour façonner les anches des chalumeaux et des bourdons. Non loin d'une plage, les musiciens débusquent une roselière.

Le jour de la fête, les musiciens n'attendent plus que le *la* pour lancer leur air. Les talabarders humectent les anches des bombardes, les outres des binious se gonflent… La première note retentit à l'unisson, la seconde n'a pas le temps de sortir qu'en chœur les instruments émettent : « Le roi Marc'h a les oreilles et la crinière de son cheval Morvac'h. »

L'assistance est glacée d'effroi. Le roi ôte alors publiquement et dans un geste de honte la longue écharpe dont il s'enturbannait la tête. Un silence lourd et absolu tombe sur la fête.

Le roi Marc'h se rendit en Grande-Bretagne auprès du roi Arthur et, suite à un long et mouvementé exil, reviendra très discrètement en Petite-Bretagne pour s'éteindre…

La nuit est venue, il est temps de redescendre de la « montagne » et de poursuivre la rêverie au bistrot du Grand Large, l'« Autre Monde » d'Alain Le Goff.

Un cercle démoniaque

Le Kelc'h est l'un des points culminants du Ménez-Hom. On peut y voir un grand cercle de pierres qui ne manque d'intriguer. On rapporte qu'il serait l'œuvre du diable qui voulait y retenir prisonnières des âmes damnées que les prêtres exorcistes de Basse-Bretagne avaient chassées du corps des possédés. Cet enclos concentrait des forces démoniaques si redoutées que personne n'osait s'y aventurer après le coucher du soleil.

L'étrange magie des pierres croisées de Coadry

Au piémont sud de la Montagne Noire, lourd massif de grès armoricain, entre les bourgs ruraux de Scaër, Coray et Leuhan, se trouve une petite pierre auréolée de vertus magiques. Nous sommes allés en compagnie d'un spécialiste à la recherche de cette « pierre croisée »...

Akaï est ponctuel au rendez-vous. À travers les vitres embuées de L'Utopia, le bar de la place de l'Église à Coray, je le vois presser le pas. Il est 8 heures en ce week-end de « miz meurzh » (mars) et le froid est vif. Akaï est japonais, né à Kyoto il y a une soixantaine d'années, il est un homme d'affaires avisé aux commandes d'une prospère petite entreprise spécialisée dans la commercialisation de minéraux utilisés en lithothérapie. Féru d'ésotérisme et de médecines dites parallèles, ses connaissances en minéralogie font de lui l'un des plus importants collectionneurs de pierres au monde. « Rencontré » il y a quelques années sur le Net, je profitais de sa venue annuelle en Bretagne pour le suivre dans sa quête de la « pierre croisée », celle qu'il nomme avec respect « Koishi tama no tsuyoi yari Kata » (la petite pierre au grand pouvoir).

Les scientifiques la nomment staurotide. Très localisé géographiquement, ce silicate d'alumine et de protoxyde de fer est considéré comme une pierre-talisman aux propriétés vibratoires avérées.

Carte d'état-major et relevés GPS en main, Akaï m'explique son plan de campagne, en suscitant la curiosité des paysans accoudés au comptoir. Dans un bon français, parfois entrecoupé de locutions anglaises, il me dit qu'il faut profiter des travaux de labour en cours pour fouailler cette terre remuée où se trouvent les précieux gisements de « pierres croisées, également appelées pierre de Coadry, croisettes de Bretagne ou pierres de croix ». Sur la carte déployée, il suit méticuleusement de la pointe d'un crayon le cours ténu d'un petit ruisseau, le Coadry, et marque deux petites croix. Le crayon se déplace ensuite vers le plateau de Kerhilio, tourne autour de de la ferme de Kerzest, revient vers la chapelle de Coadry, petit sanctuaire du XIe siècle consacrée par les templiers. C'est dans cette chapelle, où est aménagée une surprenante petite galerie muséographique dédiée à la pierre croisée que nous rencontrons René Métairie. Scaërois d'adoption, photographe portraitiste des « gens de Cornouaille », René s'est passionné, grâce à sa rencontre avec Jean Hentic, qui nous a quittés il y a quelques mois, pour « ce bout de caillou à histoires, à la fois trèfle à quatre feuilles, talisman, sorte de petit trésor que l'on recherche avec l'acharnement d'un quêteur de truffe blanche ». L'homme est affable, vibre d'une passion vite communicative, mais n'allez tout de même pas le tarauder de questions pour qu'il vous dévoile ses « coins secrets ».

Les minéralogistes connaissent cette pierre sous le nom scientifique de staurotide (ou staurolite). Ce minéral opaque, brun-rouge et aux éclats résineux lorsqu'on le trouve dans l'eau et brun-noir à l'éclat presque vitreux quand il est en pleine terre, appartient à la famille des néosilicates (silicates d'alumine de fer très dures et inattaquables par les acides à froid) qui se cristallisent en macles (association symétrique de deux cristaux) plus ou moins réguliers formant des croix de quatre à six branches, dont la régularité des cristaux est si parfaite que l'on imagine que la main de l'homme y a façonné des formes. Véritable curiosité naturelle, la staurodite, que l'on trouve à Madagascar, au Brésil, au Rwanda, en Mauritanie et en Suisse, offre en Bretagne des gisements extrêmement localisés : autour de Coray et de Scaër pour le Finistère ; à Baud, Talhouët et sur les bords de la rivière Evel dans le Morbihan.

Tandis qu'Akaï ratisse méticuleusement la berge nord du Coadry – « c'est ici même que j'ai trouvé l'une de mes plus belles et plus grandes pierre il y a trois ans » –, il m'énumère les effets de la staurotide en lithothérapie : élimination de certaines dépendances physiques et mentales, canalisation des énergies positives, applications aux chakras, propriétés vibratoires... Un discours qui, je l'avoue, me « dépasse » et renforce mon scepticisme coutumier. Je préfère écouter Anne-Marie Le Bras, en sa ferme de Kerzest. « Cette pierre fait beaucoup causer depuis des siècles et des siècles ! On lui prête des vertus qui sont le creuset de la magie populaire. Fixée dans les vêtements des nourrissons et des petits enfants, elle éviterait mauvais sorts et mauvais vents, écarterait maux de ventre et autres coliques qui étaient autrefois souvent mortelles. Elle protège également des maux d'yeux, des douleurs de l'enfantement, des morsures de chiens enragés. La foudre était également combattue par la croisette qui agissait alors telle une pierre à tonnerre... » Aujourd'hui encore, principalement aux moments des travaux des champs d'automne et de printemps, Coray et ses environs voient déferler, pelles en main, nombre de « pèlerins » venus d'un peu partout de Bretagne. La pierre de Coadry a conservé son pouvoir d'attraction. Ce n'est pas Akaï, qui ne trouvera pas ce jour-là les trésors escomptés, qui me démentira.

Dans les années 1970, le grand-père d'un ami, Jean, ouvrier agricole demeurant à Saint-Jean-en-Leuhan, m'avait chantonné des extraits d'une longue « gwerz » (de 88 couplets de 4 vers !) intitulée *Bulliou an Aotrou Christ*. Cette complainte, très pieuse, appartenait au fonds de chansons sur feuilles volantes qui circulèrent dans les campagnes bretonnes durant les XVIIIe et XIXe siècles. Le texte narrait les bienfaits supposés et la puissance protectrice de la pierre de Coadry envers ceux qui avaient la chance de la posséder. Un jour, Jean me fit cadeau d'une de ces pierres de Coadry, celle-là même qui fut glissée sous son berceau lorsqu'il était bébé. Et de me confier que, né prématuré à une époque où la médecine n'était pas très développée en Centre-Bretagne, la sage-femme et le curé l'avaient condamné à ne jamais grandir.

Minéral brun-rouge, la pierre de Coadry, dites aussi « pierre de croix » ou « croisette de Bretagne », possède la particularité de cristalliser en formant une croix de quatre ou six branches, que l'on penserait polie, taillée par la main de l'homme. La chapelle de Coadry renferme un passionnant petit musée présentant de superbes spécimens.

« À l'ultime pointe, derrière le gros Tas de Pois, qu'on nomme Pen Glas, elle passe des accords avec le ciel. Il la garde éclairante, quand la terre s'assombrit. Puis, enfin libre, seule, au large elle prend la veille » (Jean-Pierre Abraham).

Page de droite, en haut
Entre les pointes de Pen-Hir et du Toulinguet, se dresse plein large un troublant vaisseau de pierre échoué : le rocher du Lion.
En bas, l'anse de Dinan et son « château ».

PRESQU'ÎLE DE CROZON, LES SENTINELLES DE PIERRE DU BOUT DU MONDE

De pointes en caps, la presqu'île de Crozon forme un univers minéral parmi les plus fascinants et étranges de tout le littoral armoricain. Aucun doute, il se tapit dans ce chaos rocheux un peu de l'âme bretonne...

La presqu'île de Crozon cherche de sa tête de dur grès en forme de trident à combattre les trains de houle s'abattant quasiment sans relâche sur ses flancs érodés. À l'extrême nord, gardienne du goulet de Brest, la pointe des Espagnols et ses falaises aux à-pics de 70 mètres de haut ; à l'opposé, le cap de la Chèvre où sommeille, selon la légende, Kawr, le Géant. Entre ces deux extrémités, une côte vierge, âpre et sauvage, hérissée de pointes défiant l'Iroise.

Un gros coup de vent d'ouest s'annonce sur les pointes du Toulinguet et de Pen-Hir, le spectacle risque d'être mémorable... De la gigantesque croix de Lorraine dressée pointe de Penhir, monument rappelant le souvenir des Bretons qui durant la Seconde Guerre mondiale cinglèrent vers l'Angleterre pour rejoindre les Forces françaises libres (FFL) du général de Gaulle, repérez cinq colossaux îlots surnageant au ras des flots. Ce sont les Tas de Pois qui déclinent leurs petits noms : le Daouët, Pen Glaz, Chelot, Ar Forc'h, Bern Id. Pétrels, guillemots, cormorans, goélands... y mènent des sarabandes piaillardes.

Par la protégée anse de Dinan, jalonnée de plages (Kerloc'h, Kerséguénou, Goulien), vous parvenez bientôt, après une rude ascension, sur la première falaise signalant le « château de Dinan ». Ne vous attendez pas à trouver une sorte de fort la Latte, ici, ce sont les roches éboulées qui font songer au glacis d'un

château fort ; et le pont-levis serait une arche de pierre naturelle où s'engouffrent avec fracas les déferlantes océanes.

La pointe de Lostmarc'h, petite sœur armoricaine des pointes balisant les « Cliffs of Moher » de la côte ouest de l'Irlande, la longue plage de sable blanc de la Palud, pointe de Kerroux... vous arrivez au cap de la Chèvre.

Dans tous les parages, on rapporte que les korrigans durent faire fonctionner leur esprit inventif et malicieux pour s'affranchir des Géants qui s'étaient emparés des falaises et des anses pour commettre leurs forfaits de naufrageurs.

À vous, peut-être, d'en retrouver leurs traces en explorant les puits, grottes et excavations étranges entaillant les falaises : grottes des Korrigans, des Normands, Sainte-Marine, les Cheminées du Diable...

À gauche, les sentinelles de la pointe de Pen-Hir veillent sur les Tas de Pois. Ci-dessous, l'arche impeccable de la pointe de Dinan.

Menhirs à l'heure des astres

Les alignements de quartzite de Lagatjar (entre Camaret et la pointe du Toulinguet) attestent d'une occupation humaine très ancienne remontant au néolithique. Ces pierres (une soixantaine), de taille inégale, semblent alignées suivant un plan géométrique strict et ordonné. L'angle formé par l'alignement par rapport à celui du lever du soleil au solstice d'hiver pourrait étayer la théorie d'une symbolique astronomique. L'orientation N 35° E et S 35° O, d'où se dessinent deux lignes parallèles partant à angle droit, ferait songer à la constellation des Pléiades.

Il est permis de penser que Lagatjar fut un important centre religieux celtique où quelque six cents menhirs se dressaient. On doit la sauvegarde d'une partie du site à la société archéologique du Finistère qui, après avoir obtenu un classement en qualité de monument historique, redressa nombre de menhirs abattus. Enfin, il est une vieille légende qui a fait surnommer l'endroit « le jardin de l'Ankou ».

Le manoir du « poète assassiné »

Klervie était une dame de 90 ans, Brestoise retirée dans une solide maison d'armateur à Saint-Malo. Nous avions fait connaissance il y a quelques années lors de la remise des prix de poésie Eugène Guillevic et Georges Perros, dans l'enceinte de la Maison internationale des poètes et des écrivains fondée et animée par Dodik Jégou dans Saint-Malo intra-muros. Nous avions parlé des poètes que nous aimions. Aimais-je Saint-Pol Roux ? Je l'avais lu sans savoir qui il était. Et de me raconter qu'elle avait eu le privilège de le rencontrer lorsqu'elle vivait chez ses parents à Camaret. Plus tard, à l'occasion d'une autre rencontre, elle me montra une vieille photographie en noir et blanc représentant Saint-Pol Roux, sa fille Divine, « l'ange de la solitude », et elle-même dans le jardin du manoir de Coecilian, un édifice à la fois lourd et lyrique plein de tourelles, le tout conférant de détonantes allures wagnériennes. Klervie me confiait, encore rosissante de sa juvénile hardiesse : « À l'époque, je n'étais qu'une adolescente exaltée, rimaillant des quatrains sous influence, mais j'avais osé aller montrer ces poèmes à ce respecté poète venu de Paris ! C'était en 1936, j'avais alors 18 ans. Oui, je fus très impressionnée ! Mais, il se montra si attentif, si courtois à mon égard... Bien que fréquentant des personnalités comme M. Jean Moulin (alors sous-préfet à Châteaulin), des surréalistes ou des écrivains célèbres – on dit même que Louis-Ferdinand Céline se rendit à Coecilian – il aimait, je crois, les gens de ce pays où il avait posé son bagage. Si on pouvait, en se remémorant ces bien vieux souvenirs, se douter du drame effroyable qui allait le frapper... »
Automne 2007. Du port de Camaret, je longe la plage du Corréjou et m'engage

« Bretagne est univers », a écrit le poète Saint-Pol Roux. Un point de vue indiscutable lorsque l'on vagabonde au gré de la presqu'île de Crozon.

sur le sentier côtier en direction de la pointe du Grand Grouin ; puis je plonge, via Porz Naye, vers l'anse de Pen-Hat. Bientôt, dans l'alignement du champ de mégalithes de Lagatjar, les ruines du manoir de Coecilian (également connu sous le nom de manoir de Boultous) se découpent en ombre chinoise sur le ciel plombé couvrant la mer d'Iroise. Un panonceau indique : « Manoir Saint-Pol Roux. Prudence, des pierres peuvent se détacher. »

C'est donc là que vécut le chantre du symbolisme, Paul Pierre Roux, dit Saint-Pol Roux (1861-1940). Exilé volontaire « au bout du bout du monde » à partir de 1898, fuyant les vilenies et l'absurdité de l'intelligentsia parisienne, « Saint-Pol le Magnifique » vivait « face à la mer et plus près de Dieu » en compagnie de ses deux enfants et de son épouse. L'homme ne passait évidemment pas inaperçu. Ses tenues vestimentaires empreintes d'élégance et de fantaisie, ses poèmes « aux images éclatantes, aux musiques célestes » publiés régulièrement dans le quotidien local *La Dépêche*, ses actions généreuses et festives (on rapporte que pour le Noël 1908, il offrit des cadeaux à tous les enfants camarétois réunis sur le port)... firent causer dans les chaumières !

Cette vie de poésie pure, où « Bretagne est univers », allait être brisée net par trois séismes successifs : la mort de son fils Coecilian au champ d'honneur en 1914-1918, la disparition de l'épouse tant aimée et l'ultime tragédie de juin 1940. Dans la nuit du 22 au 23 juin, la soldatesque allemande rôdait autour du manoir. Soudainement, un soldat ivre força la porte. En un rien de temps, il exécutait Rose, la fidèle gouvernante, blessait Divine, la fille du poète, avant de la violer. Le feu prend dans un coin du manoir, les précieux livres et les manuscrits inédits de Saint-Pol Roux se répandirent sur la lande. Hospitalisé à Brest, le poète s'en sortit miraculeusement. Mais les blessures morales et affectives seront si profondes, si violentes qu'il en mourra de chagrin en octobre 1940.

Saint-Pol Roux repose au cimetière de Camaret.

De l'ancien manoir de Saint-Pol Roux ne reste que des lambeaux de murailles... Ruines muettes mais jamais tout à fait silencieuses.

LA « MARMITE DE L'ENFER » DE LA BAIE DES TRÉPASSÉS

À 5 kilomètres à l'ouest de Plogoff, la D 784 s'épuise en un cul-de-sac vous poussant vers la pointe du Raz que l'on se plaît à situer, avec une totale inexactitude géographique, au point le plus extrême du continent eurasiatique ! Peu importe, ici, au creux de la baie des Trépassés, l'homme écoute les pulsations du « bout du monde », voire de l'autre monde...

Baie des Trépassés, novembre 2006, le « mois noir » (« miz du ») des Bretons. Celui que les Celtes réservent au culte des morts. Regard tourné vers le ponant, vous voilà face à face avec la « marmite de l'enfer », cuvier foré par les flots entre la pointe du Raz à l'ouest et la pointe du Van au nord-ouest. Bref, un lieu terrifiant où la tradition légendaire a ancré nombre de récits extraordinaires, toujours bien vivants. Ainsi, c'est à la pointe du Raz que la légende de la ville maudite d'Ys se fait, entre autres, entendre...

Un jour, saint Guénolé s'adressa d'une voix sombre au roi Gradlon : « Le désordre est au comble, Prince, le bras de l'Éternel s'élève, la mer se gonfle, la cité d'Ys est condamnée, partons. » Gradlon s'enfuit à bride abattue sur son cheval en compagnie du saint et de sa fille, la princesse Dahud (ou Ahès), la fille luxurieuse par laquelle le malheur divin est arrivé. Mais pour avoir la vie sauve, le roi Gradlon doit sacrifier sa progéniture. Dahud est alors transformée en femme-serpent, sirène océanique vouée à errer. Celle-ci, ample chevelure mêlée à l'onde, se présente parfois aux marins en mer, c'est alors un signe avant-coureur d'un naufrage certain.

De l'horizon incertain, la Chaussée de Sein envoie de furtifs et réguliers signaux lumineux : la Vieille et Ar-Men montent la garde. Inutile d'en rajouter.

La chapelle Saint-They domine la « boe an Anaon » (baie des âmes en peine).
À la tête de son cortège de « crieriens », saint Jean-des-Grèves erre dans la lande pelée, brûlée par le sel marin.

La littérature orale situe également la figure du Passeur et de la barque de la nuit (« bag noz ») dans la baie des Trépassés. Chaque fois, le même scénario se répète : un fantomatique vaisseau, voilure en lambeaux, surgit des ténèbres. À peine l'équipage de marins l'entrevoit-il, qu'il disparaît, puis réapparaît et ainsi de suite des dizaines de fois. Tout à coup, le spectre se dresse faisant entendre, alors que le pont est désert, des gémissements lugubres, des suppliques déchirantes, des cris de souffrance. À la barre du navire, silhouette raide et indéchiffrable, se dresse le Passeur qui inexorablement vous invite à franchir la frontière de l'autre monde.

Dans tout le cap Sizun, vous rencontrerez également des âmes errantes rôdant dans les solitudes venteuses des grèves et des landes. Aussi, lorsque au crépuscule, vous distinguerez des lueurs étranges, improbables feux follets maritimes, il se peut que s'avancent vers vous des « krierien » (les crieurs). Ils cheminent par groupes de sept. Là, dans l'ombre de la chapelle Saint-They dominant la « boe an Anaon » (baie des âmes en peine), passe l'Anaon, « peuple composé d'identités présentes mais invisibles » ; le cortège processionne de chapelle en chapelle avec à sa tête Jean-des-Grèves criant désespérément. Mais de son visage, vous ne verrez rien...

En dépit des apparences : bienvenue au château de Kériolet !

Page de gauche
Le manoir de Rustéphan, à Nizon, ne nous a pas légué seulement cette belle tour d'escalier, il porte pour toujours la légende d'une triste histoire d'amour...

CHÂTEAU DE KERIOLET, LE CHÂTEAU QUI NE VOULAIT PAS MOURIR...

Sur les hauteurs de la cité de Concarneau, sur la rive droite du Moros, un petit bois abrite un manoir néogothique tout droit sorti d'un décor de cinéma. En poussant les portes du château de Keriolet, découvrez une demeure au destin vraiment romanesque.

« Ici, tout est vrai, car tout a été inventé... », nous dit notre hôte. L'histoire de Keriolet commence au XVe siècle. Une vieille famille d'hobereaux cornouaillais, les Kerguern de Keriolet, fait bâtir un modeste manoir sur un domaine d'une quinzaine d'hectares.

Quatre siècles plus tard, Keriolet va vivre une grande « révolution » avec l'arrivée d'une princesse russe, Zenaïde Narischkine-Youssoupov. Tante du tsar Nicolas II, elle est immensément riche et habituée, tout âgée qu'elle fût, à ne jamais se refuser un plaisir. Tombée amoureuse de la Bretagne et de sa culture, éprise du jeune Charles Chauveau, aide de camp de Napoléon III, qu'elle dote du titre du comte, la princesse veut offrir à son second mari le plus fabuleux des manoirs. Elle charge l'architecte départemental et diocésain Joseph Bigot de le remanier de fond en comble. Le cahier des charges est lourd et précis. Plusieurs années sont nécessaires pour donner vie au projet. Une incroyable juxtaposition de styles architecturaux pourrait laisser penser que la construction du château s'est étalée sur plusieurs siècles : l'aile ouest et le donjon, créés de toutes pièces, sont médiévaux ; la Renaissance fait flamboyer l'aile nord ; la nouvelle aile de la salle des gardes arbore le plus pur style néogothique. Si chaque élément du décorum est « inspiré » d'un édifice ancien

Ce décor de château d'opérette a abrité un certain Félix Youssoupov, assassin du mage confident du tsar de toutes les Russies, Raspoutine.

Page de droite
Pastiches, répliques, vrais faux… Kériolet ou le château des illusions…

existant, il se dégage malgré tout de l'hétéroclite ensemble une certaine harmonie.

Partout, sur les façades, les linteaux de porte, les colonnes fleurissent les signes distinctifs de la « nouvelle noblesse » du comte Charles de Chauveau de Keriolet. La princesse Narischkine fait également se multiplier les symboles rappelant l'histoire et les traditions bretonnes. Mais le pays natal n'est pas totalement oublié, comme l'atteste l'ours russe qui, du haut de son toit, a le regard rivé vers l'est…

Après la disparition de la princesse en 1893, le domaine de Keriolet, légué au département du Finistère, devient un musée breton. La belle histoire du château semble se poursuivre, jusqu'au jour où débarque un certain Félix Youssoupov. Le descendant de Zenaïde veut coûte que coûte récupérer le domaine, arguant que les dernières volontés testamentaires de son aïeule ont été bafouées. Au terme d'un procès qui durera près de dix ans, l'homme récupère, à la fin des années 1950, le domaine de

Keriolet. Incapable de le gérer, il l'entraîne à sa perte en un tournemain. Dès lors, Keriolet est ouvert à tout vent. Pillages méticuleux, projets hasardeux ou avortés, calamités météorologiques (dont l'ouragan de 1987) auront finalement raison du beau rêve de la princesse russe.

1988. Christophe Lévêque découvre par hasard le manoir dévasté. L'émotion opère si fortement qu'il acquiert la propriété et se lance dans des travaux herculéens pour restaurer le château et le rouvrir au public. Aujourd'hui, « la maison du soleil », traduction littérale de « keriolet », a quasiment retrouvé son éclat d'antan.

Le propriétaire était l'assassin de Raspoutine !

Félix Youssoupov (1887-1967) était un personnage redoutable. Prince de Russie, l'arrière-petit-fils de la princesse Zenaïde Narischkine (en premières noces) est l'un des assassins du célèbre Raspoutine. Ce starets (mystique errant, prophète) aux origines mystérieuses avait su s'accorder la confiance du tsar et de la tsarine Alexandra. Estimant que son influence sur la famille impériale mettait en péril le trône de Russie, ses ennemis, dont le clan Romanov, décrétèrent son assassinat. Dans la nuit du 16 au 17 décembre 1916, le prince Félix Youssoupov invita à dîner Raspoutine au palais de la Moika, prétextant avoir recours à des séances d'hypnotisme. Le mage tombait dans un traquenard où le prince et les jeunes nobles qui l'entouraient l'empoisonnèrent au cyanure. Raspoutine en réchappa. Trois coups de pistolet l'atteignirent alors, dont un en pleine tête. Raspoutine fut ensuite enfermé dans un sac de toile et noyé.

LE PRÊTRE-FANTÔME DU CHÂTEAU DE RUSTÉPHAN

« Danger, ruines. Ne pas approcher ! » L'ancien manoir de Rustéphan, perché sur les hauteurs de Pont-Aven, a toujours tenu les « curieux » à distance. Raison de plus pour y aller voir ?

Parmi les collections de tableaux conservées au musée des Beaux-Arts de Rennes, on peut admirer un dessin au fusain, sur papier jaune, signé Émile Bernard (1868-1941). Ce modeste tableau porte comme légende : *Le château de Rustéphan vu de la route de Nizon*. Vers 1886. Une tour, vestige d'un château ruiniforme, semble vouloir lutter contre une végétation profuse, étouffante. Ce château existe-t-il vraiment ou n'est-il, malgré la localisation précisée, que le fruit de l'imagination de l'artiste ? Une rapide enquête m'amenait du côté de Pont-Aven, où François me donnait rendez-vous pour une visite très particulière au pied du calvaire dressé tout près de l'église de Nizon (à 2,5 kilomètres au nord-ouest de Pont-Aven). « Vous le reconnaîtrez sans mal, il figure sur la toile *Le Christ vert de Gauguin.* » Alors que nous nous mettons en route, François me raconte que l'on suppose que le château de Rustéphan a été construit à partir de la fin du XVe siècle par Jean Du Faou, chambellan de Louis XI, grand échanson de France et sénéchal de Bretagne. D'un coup, à l'approche du lieu, une épaisse écharpe de brume matinale brouille la vision du château. Le contexte est favorable pour tout savoir sur la lugubre légende de Rustéphan...

Il y a des années de cela, un dimanche soir où les villageois et paysans nizonnais assemblés sur le tertre du château dansaient ridées et gavottes aux sons d'un couple de sonneurs, une lueur illuminait soudainement une lucarne de la tour. Le spectre d'un homme « à la tête chauve, aux yeux étincelants » fixait les danseurs terrorisés.

Les racines de la légende du prêtre-fantôme de Rustéphan appartiennent au très vieux fonds de la littérature orale bretonne. Au XIXe siècle, les folkloristes, ancêtres de nos ethnologues, se lancent dans un patient et

Rustéphan suinte de toutes ses pierres polies, usées, lustrées par le temps d'une légende. Théodore Hersart de La Villemarqué, dans son recueil de chants populaires, le « Barzaz Breiz », rapporte la complainte de la jolie « Jenofeva Rustefan ».

enthousiaste travail de collectage en sillonnant les campagnes. En Bretagne, le vicomte Théodore Hersart de La Villemarqué (1815-1895), linguiste demeurant au proche château de Plessis-Nizon, recueille auprès des paysans, ouvriers, charbonniers, qu'il connaît pour la plupart, tout un répertoire de chants populaires, notamment les « gwerziou », ces complaintes relatant des faits de la vie quotidienne. Ses enquêtes fournissent le fonds d'un ouvrage pionnier dans la connaissance de la littérature orale, le *Barzaz Breiz*. Parmi les chants les plus connus, l'histoire des tragiques amours de Geneviève Le Naour et de Yannick Flécher, complainte intitulée *Jenovefa Rustefan*.

Les filles du seigneur Du Faou étaient les plus belles que la Création puisse porter, « elles brillaient auprès de leurs compagnes comme la lune près des étoiles ». La plus jeune et la plus jolie, Geneviève, aimait d'amour fou Yannick Flécher du hameau de Kerblez. Mais ce dernier ne pouvait entendre son appel, l'amour de Dieu étant plus fort que tout. Il s'en alla étudier et recevoir les ordres à Quimper malgré les supplications de la jeune fille. Quand il revint dans sa paroisse pour célébrer son premier office, Geneviève entra dans l'église et se jeta implorante aux pieds du jeune prêtre : « Au nom de Dieu ! Iann, arrêtez !/Vous êtes la cause, la cause de ma mort ! » (« Ennn han Doue ! Iann, distroet andro/C'hui zo kiriok d'am maro ! »)

Depuis, la silhouette fantomatique de Yannick Flécher hanterait les lieux. Chercherait-il désespérément l'amour charnel de la belle Geneviève...

Pinacle, choux frisés, lucarnes à meneau... pas de doute, Rustéphan porte les marques du style gothique flamboyant.

Errez, le soir venant, dans ce labyrinthe de pierres et de verdure enchevêtrées. Peut-être y entr'apercevrez-vous l'ombre des amants malheureux...

Morbihan

AVEC LES GÉANTS DE PIERRE DE LOCMARIAQUER

Entre l'Atlantique et la « petite mer » du golfe, la presqu'île de Locmariaquer. Les premiers hommes y ont laissé des monuments néolithiques uniques dont le mystère continue de susciter toute notre curiosité.

On se rend auprès du Grand Menhir brisé un peu comme on irait rendre visite à un prisonnier ou à un grand blessé. Enclos derrière les grilles du Centre d'informations archéologiques de Locmariaquer, il gît en quatre morceaux, affichant des dimensions hors du commun : un poids de 300 tonnes, une hauteur de plus de 20 mètres (avant sa chute bien entendu), 5 mètres de diamètre ! Avant d'être affublé de ce banal patronyme, le grand « peulvan » répondait au nom de Men er Kroech (« la pierre de la Fée »). Il fut de tout temps l'objet de rites étranges. Anna, une « ancienne » née à Crach, chanteuse et conteuse traditionnelle, se souvient que sa grand-mère, au début du XXe siècle, se rendait, en compagnie de jeunes filles de Locmariaquer et de Saint-Philibert, au chevet du menhir chaque nuit du 1er mai. Bien à l'abri du regard des hommes, elles échancraient alors chemisiers et caracos, troussaient jupes et jupons et... se laissaient aller à quelques glissades sur le dos du « géant couché » ; si le grain rugueux de la pierre provoquait la moindre écorchure, une prochaine union ne devait tarder...

À côté du Grand Menhir se dresse le cairn dit la Table des Marchands, dolmens à couloir dont la date de naissance se situe aux alentours de 3 500 avant Jésus-Christ. On pénètre à l'intérieur le dos courbé, autant en

Page de gauche
Les Pierres Plates de Locmariaquer étaient prisées par les korrigans. Gare au pauvre mortel qui y était entraîné dans leurs folles farandoles !

Face au vent et à la mer, plongez à la découverte des origines de l'Humanité. Vos pas seront guidés par l'allée couverte des Pierres-Plates, la Table des Marchands ou la Pierre de la Fée.

signe de respect que pour mieux admirer les gravures – une hache emmanchée, des pattes de bovidés – placées sous la table de couverture ou les énigmatiques représentations géométriques en relief. Faut-il y voir une figuration du disque solaire, celle de la déesse-mère ? Nos lointains ancêtres ont emmené une grande partie de leur secret et de leur conception du monde avec eux...

Au hameau de Kerpenhir, là où la mer s'en vient mouiller les haies d'aubépines bordant les champs, la statue de la Vierge Notre-Dame-de-Kerdro, les pieds fouettés par le violent courant écumeux, prodigue toujours sa bienveillante bénédiction aux équipages partant en mer. Passé la plage de Locmariaquer s'annonce le dolmen des Pierres-Plates, une allée couverte qui se signale par une pierre levée et qui comporte deux chambres. À l'intérieur, d'intéressants motifs gravés : là, un ensemble

de traits obliques suggérant une fougère avec ses nervures ou le squelette d'un tronc humain ; ici, deux yeux paraissent vous fixer, sont-ce ceux d'un visage humain ou d'un curieux animal ?

En regagnant au nord Locmariaquer par le chemin sinuant entre Saint-Pierre de Lopérec et Kerlud au beau milieu des marais d'eau douce et des vasières, voyez encore Kerlud, Er-Grah, Mané-Lud ou Mané-Rutual.

Les korrigans, le petit peuple des mégalithes

Couriquets, cornicanets, gorriket, paotred ar Zabbat, vittansou, poul-pikans, korils, danserien noz (« danseurs de la nuit »)... quelle que soit leur dénomination, partout en Bretagne (et notamment en Basse-Bretagne), les korrigans hantent les sites mégalithiques. Les premiers à évoquer ce petit peuple facétieux et imprévisible, sont le père Grégoire de Rostrenen (dans son dictionnaire franco-breton, 1732) et Jacques Cambry (1749-1807), l'infatigable voyageur breton, fondateur de l'Académie celtique. « La plupart des pierres druidiques qui couvrent notre sol sont restées pour les habitants de la contrée un objet de terreur et d'adoration [...] Quant aux dolmens, tous sont la demeure des Courils ou Poulpiquets, espèces de petits nains noirs qui dansent le soir au clair de lune, et qui forcent les voyageurs égarés à danser avec eux jusqu'à ce qu'ils ne les aient fait tomber morts de fatigue » (Jacques Cambry, *Voyage dans le Finistère*, 1799). Si peu de monde les a vus *de visu*, leurs descriptions sont nombreuses et accumulent maintes précisions. Ce sont « des petits génies malfaisants, à la peau ridée et velue, à la tête difforme, aux jambes et aux bras grêles et décharnés » (Bouët et Perrin, 1844).

Ils inspirent la peur car ils vivent dans l'ombre, celle de la nuit, mais aussi celle qui règne dans les profondeurs des chaos, des grottes, des entrailles de la Terre. Dans leur univers souterrain, ils organisent des sabbats et se réunissent dans des ronds de sorcières, où retentissent des rires lugubres et virevoltent des ailes noires. Ces cercles magiques s'expliquent en réalité de manière rationnelle. Ces ronds de sorcières (ou cercles des fées) correspondent à un phénomène naturel consistant en la formation circulaire d'une colonie de champignons pérennants, poussant de manière parfaitement circulaire dans les prés et les sous-bois. Mais la poétique des légendes a toujours ignoré le monde de la science... Pour se protéger des maléfices des korrigans, les habitants des campagnes mirent au point différents stratagèmes. L'écrivain morlaisien Émile Souvestre (1806-1854) raconte dans la belle légende des « Korils de Plaudren » (in *Le Foyer breton*, 1844) qu'il suffisait d'utiliser une petite fourche agricole pour bien se défendre. Ailleurs, il était recommandé d'apprendre les couplets qui permettaient de terminer les interminables chansons que les korrigans offraient en partage aux infortunés qui les rencontraient dans la lande.

Le couloir et la chambre funéraire de Gavrinis arborent des pierres entièrement couvertes de gravures. Tout un monde énigmatique des signes oubliés.

Gavrinis, l'île funéraire

Au sud de la pointe portant Larmor-Baden, au confluent de la rivière d'Auray et des eaux de la « petite mer », un des nombreux cailloux surnageant à la surface du golfe, Gavrinis, détient le plus exceptionnel monument funéraire mégalithique (IVe siècle avant Jésus-Christ) connu à ce jour. Cet îlot de 15 hectares offre un tumulus parementé de pierres sèches, long d'une centaine de mètres et culminant à 24 mètres d'altitude. Il s'ouvre par une entrée formée d'un linteau monolithe menant à un long et obscur tunnel de 14 mètres de long sur 1,5 mètre de large. Au bout se trouve une chambre funéraire abritant une sépulture royale. Celle-ci est formée de vingt-neuf dalles verticales, pesant plus de 10 tonnes chacune et supportant d'imposantes pierres constituant la couverture. Le temps que vos yeux s'acclimatent à ces semi-ténèbres et vous commencerez à découvrir une œuvre d'art absolue. Les parois sont entièrement recouvertes de traits profondément gravés dans la chair minérale et à la logique labyrinthique et hermétique. Ces écheveaux complexes traduisent des symboliques sacrées : haches, barques, idoles, crosses, serpents, feuilles de fougère, arcs et flèches, cornes de bovidés... Et de laisser à l'historien Marc Déceneux d'éclairer notre lanterne : « Ces thèmes, qui appartiennent au patrimoine religieux universel, se lisent parfaitement dans le décor de Gavrinis. Les étonnantes

images gravées qui couvrent les parois du monument nous permettent de deviner une grande divinité masculine ouranienne, jugulant les forces déréglées du chaos originel et régulant les grands rythmes cosmiques aussi bien que la vie des hommes dans ce monde que dans l'autre. »

La façade et la porte d'accès du tumulus.

À Belle-Île, c'est tapi dans le ventre de la grotte de l'Apothicairerie que vous sentirez battre le pouls de l'île... Mais attention, danger !

Page de droite
Dans l'anse de Port-Donnant, les vagues « écumaient dans les roches à fleur d'eau, tourbillonnaient dans les creux, sautaient comme des écharpes qui s'envolent, retombaient en cascades et en perles » (Gustave Flaubert)

BELLE-ÎLE-EN-MER, NATURELLEMENT LÉGENDAIRE

Avec ses 90 kilomètres carrés, Belle-Île concentre des reliefs et des paysages extraordinaires. Autant de lieux respirant le mystère, autant de lieux emplis de sacralité. Belle-Île, à seulement quarante-cinq minutes du continent par le courrier, se hisse à la dimension d'un continent.

À Belle-Île, la géographie, l'histoire et le légendaire s'entremêlent comme pour mieux se forger un caractère, se modeler une identité. Les premiers vous diront que la belle insulaire se compose d'un plateau de micaschiste de 20 kilomètres de long sur 5 à 9 de large, culminant à 71 mètres d'altitude, une hauteur quasi himalayenne pour une île bretonne ! Mais aux complexes mouvements tectoniques de la lithosphère qui lui donnèrent son visage actuel, l'île préfère une explication moins « mécanique ». Et les fées de prendre le relais... En effet, lorsque celles-ci furent contraintes d'abandonner la vieille Armorique, chassées de la sylve de Brocéliande, les larmes coulèrent avec un tel flot qu'elles emplirent le golfe du Morbihan. En signe d'adieu, les fées répandirent des couronnes de fleurs sauvages dans cette « petite mer ». En se fanant, les couronnes cessèrent leurs courses et en s'immobilisant se transformèrent en îles et îlots. Trois de ces grappes de fleurs, celles de la traîne des fées, plus belles et vigoureuses que les 362 autres, sortirent du golfe, dérivèrent un temps poussées par le courant et les vents. Lorsqu'elles stoppèrent leur navigation vagabonde, Belle-Île, Houat et Hœdic émergèrent du ventre de la mer…

Cap au ponant, à l'extrémité de l'île. Dédé nous y attend. Dédé est pêcheur de pouces-pieds, ce fruit de la mer rare et si recherché pour la chair de sa « cuisse », qu'adorent notamment Espagnols et Portugais. Sa récolte au pied des falaises les plus escarpées est dangereuse et extrêmement réglementée. Fin connaisseur des moindres anfractuosités des falaises qui représentent son gagne-pain quotidien, il a accepté de m'emmener dans le ventre de la grotte de l'Apothicairerie, un endroit totalement interdit (par un arrêté municipal) car périlleux : éboulements rocheux, série d'accidents involontaires ou criminels, histoires de contrebande. Autrefois, un escalier de pierre taillé dans le schiste noir menait dans le ventre de l'excavation, mais il est devenu impraticable.

Bien équipé, conseillé par une personne sûre et consciente du danger, je pars confiant… Bien que la mer fût relativement calme ce jour-là, les trains de houle se fracassant et s'engouffrant dans la grotte sont terrifiants. Cramponné à mon guide, je cherche des yeux les nids d'oiseaux – cormorans huppés, pingouins torda, fulmars boréals ou guillemots de Troil – accrochés aux parois. La profusion de ces nids ressemblait, dit-on, aux fioles, chevrettes, vases de monstre et autres pots canons qui s'alignaient sur les étagères des chirurgiens-barbiers et apothicaires. D'où ce nom déjà connu au XVIIe siècle.

Jeanne et Jean, les cœurs de pierre

Dans les parages de Runélo, vous les trouverez là, l'un face à l'autre. Ce sont les amants de pierre. Jean, dans sa hiératique livrée de schiste rouge, Jeanne, dans sa sobre robe de granit sombre. Ces deux puissantes pierres levées sécrètent une vieille légende… Un jeune barde de haute lignée s'amourache d'une Belliloise aussi jolie qu'elle est pauvre et sans ascendance. L'union est impossible, mais les tourtereaux sont prêts à enfreindre l'interdit sociétal. Les druides s'en mêlent, se concertent et, impuissants à raisonner les jeunes gens, finissent par confier aux sorcières la mission de les pétrifier dans la pierre. Depuis ce temps, Jeanne et Jean, figés pour l'éternité, ne se quittent plus, mais la distance qui les sépare est la plus cruelle des punitions. On prétend qu'ils doivent célébrer un jour leurs retrouvailles. Mais gare à celui qui sera témoin de la rencontre. Sur-le-champ, les amants de pierre l'écraseront.

À la pointe de Beg er Lan, à l'extrémité de la Côte Sauvage quiberonnaise, le château Turpault a tous les attributs de la demeure hantée. Mais, c'est plus au large, dans les parages du plateau sous-marin des Birvideaux que le surnaturel vous donne rendez-vous.

CHÂTEAU TURPAULT ET LES BIRVIDEAUX

Beg er Lan marque la pointe la plus méridionale de la presqu'île de Quiberon. Campé sur un promontoire rocheux, où roulent les houles océanes de la Côte Sauvage, un étrange manoir débride les imaginations les plus sages : on le nomme château Turpault.

Qu'il soit enveloppé de brume poisseuse, agressé par les déferlantes ou écrasé de soleil, le château Turpault recèle un caractère de maison hantée qui vous fait vite broder d'incroyables histoires à faire frémir. On songe aux Hauts de Hurlevent ou à quelque Cliff End. Mais méfiez-vous, l'habit, on le sait, ne fait pas toujours le moine ! Si tous les éléments d'un décor tragique sont réunis, ils ne peuvent que raviver l'histoire d'un fantasque industriel, filateur à Cholet, Georges Turpault, qui réalise la fortune venue un rêve de gosse : bâtir son « château de la mer », un édifice austère au style anglo-médiéval. En revanche, alors que les dernières lueurs du crépuscule miroitent à l'horizon, dépêchez-vous de quitter Beg er Lan avant que ne retentissent des cris lugubres dont la provenance est difficile à identifier. Proviendraient-ils du plateau sous-marin des Birvideaux, situé à quelques encablures marines de château Turpault… Là où le phare lance depuis 1929 ses éclats lumineux

réguliers se trouvait l'île d'Aïse. Ses habitants, fiers marins et leurs familles, virent leur île dériver, être ballottée par les courants et les vents mauvais avant de s'éloigner irrémédiablement du continent. Le péril était imminent, Aïse fut expédiée par le fond un jour de tempête. Aucune âme ne survécut.

On dit aussi qu'Aïse constitue le refuge des victimes de fortunes de mer. Les naufragés erreraient de grottes marines en fonds abyssaux, ne retrouvant le monde des vivants qu'à l'occasion du pardon de Saint-Colomban, réunissant les pèlerins autour de la chapelle dédiée au moine irlandais venu de l'île de Bretagne au VIIe siècle.

« Chaque année, les Birvideaux sortent de la mer pour le pardon de Saint-Colomban, vêtus de manteaux rouges tissés de feu pur. Après le pèlerinage, les vivants allument un grand feu, devant lequel passent les Birvideaux qui y jettent leur manteau avant de s'enfoncer sous les flots » (G. Le Scouëzec).

La statue de la Vénus de Quinipily, aujourd'hui visible près de Baud.

LA VÉNUS SAUVÉE DES EAUX !

À une demi-lieue à l'ouest de Baud, non loin des rives du Blavet, une statue aux origines inconnues suscite, depuis son installation au XVIIe siècle dans le parc du château de Quinipily, toutes les interrogations.

D'où vient cette statue, dite « Ar gwreg houarn » (la femme de fer), dont il est fait mention dans un texte manuscrit du XVIIe siècle, nul ne le sait. Elle trôna un temps sur la colline de Selim (l'ancienne cité gauloise devenue Castennec, près de Saint-Nicolas-des-Eaux), située sur l'antique voie romaine. Puis, elle se retrouva, au XVIIe siècle, au faîte d'une fontaine-porche dans l'enceinte du château de Quinipily, propriété de Pierre Ier de Lannion. Dans ce pays où l'eau possède des vertus thérapeutiques, la « femme de fer » ou la sorcière à la Couarde est le réceptacle de ferventes dévotions païennes. À une époque où le clergé souhaite faire triompher la religion officielle, ces « débauches dévotionnelles » irritent l'évêché. En 1661, l'Église ordonne à Pierre de Lannion, qui vient d'hériter de son père, de faire disparaître cette statue dans les eaux du Blavet. Le mécontentement est si fort dans la population locale que des paysans décident d'enfreindre la décision seigneuriale et ecclésiastique en repêchant l'objet sacré. L'évêque de Vannes, Charles de Rosmadec, ne l'entend pas de cette oreille. Courroucé, il exige que le seigneur de Lannion se débarrasse une fois pour toutes de la déesse sacrilège. En 1667, la Vénus est noyée, mutilée, amputée de ses avantageux attributs féminins... mais encore sauvée !

Le comte de Quinipily, à la mort de son père Claude Lannion, la réinstalle, en 1696, dans le jardin de son château, bien au-dessus du bassin en eau. Le peuple proteste, exige procès, mais le jugement conforte les droits du seigneur de Quinipily. Dans la clandestinité, aux yeux et à la barbe du comte, le culte reprend de plus belle, et on assiste même à des scènes quasi obscènes où les parties les plus intimes des individus sont exhibées à celle que l'on considérait comme la divinité de la fécondité.

Comment et par qui est-elle arrivée en terre bretonne ? Le mystère est entier. D'autant qu'il est à peu près certain que le dernier sauveteur de la « femme de fer » y a apporté sa touche personnelle, comme l'attestent les inscriptions énigmatiques qui ornent le socle sur lequel trône la Vénus.

La fontaine et le bassin de la Vénus de Quinipily, théâtre des dévotions les plus ardentes mais aussi, comme le rapportent les anciens, des plus lestes...

L'ERMITAGE SAINT-GILDAS ET LE CULTE DE LA PIERRE NOIRE

Dans la vallée du Blavet, saint Gildas, le fondateur de l'abbaye de Rhuys, est l'objet d'un culte particulier. C'est à la découverte de son ermitage que nous vous invitons.

Tout près de la « montagne » de Castennec, au-dessus de la rive droite de la rivière du Blavet, Bieuzy-les-Eaux vous donne rendez-vous avec la légende de saint Bieuzy (ou Bihui). Compagnon du moine Gildas, ce dernier célébrait un office lorsqu'un hobereau local fait irruption dans l'église. Ses chiens sont enragés, le saint homme doit venir séance tenante les guérir. Bieuzy, qui ne veut pas interrompre sa messe, rend fou de colère le sanguin seigneur qui, en représailles, lui fend le crâne d'un coup de hache. Bieuzy sentant une proche fin venir parvient à se traîner jusqu'à Rhuys où Gildas lui donne les derniers sacrements. Dans l'église paroissiale se trouve une curiosité : une pierre sonnante ayant appartenu à saint Gildas qui s'en servait comme une cloche.

Du petit bourg de Bieuzy, rejoignez le hameau de Castennec où part sur la droite un chemin en cul-de-sac descendant vers le Blavet. Au pied d'une falaise à pic s'enkystent dans le roc deux sanctuaires – une chapelle et une sacristie – accolés perpétuant le souvenir de l'ermite saint Gildas

« À se glisser aujourd'hui encore, une après-midi d'hiver, dans ce haut lieu de dévotion silencieuse, si beau qu'il semble fait pour l'adoubement, le sacre ou la révélation... »
Philippe Le Guillou

(selon toute vraisemblance 490-570) qui vint ici, retiré du monde, passer ses dernières années. À l'intérieur de la petite chapelle (reconstruite en 1837), posée sur un socle, remarquer une pierre sonnante. On rapporte que cette pierre noire était utilisée par le thaumaturge pour battre le rappel des fidèles. Frappée par deux pierres, elle émettait un son puissant et cristallin très proche de celui d'une cloche en fonte.

Creusée à même la falaise, on découvre également la grotte où méditait Gildas et, au sud de la chapelle, sourd de la roche une source miraculeuse ; le moine l'aurait fait surgir en priant intensément. Juste au-dessus de la source, une volée de sept marches de pierre vous hisse jusqu'à un rocher plat : il s'agit de « la chaire de saint Gildas » d'où il prêchait. Jusqu'à la fin du XIXe siècle, les cinq offices divins sont encore célébrés sur le site de l'ermitage. Le grand pardon du lundi de Pentecôte est quant à lui toujours prisé de la population locale.

La principale curiosité du sanctuaire est cette pierre sonnante.

Ci-dessous
à qui appartient cette tête sculptée à l'angle de la chapelle Saint-Gildas ?

Loire-Atlantique

HERBAUGES, LA CITÉ ENGLOUTIE

Tout autour du lac de Grand-Lieu, dans le pays de Retz, court un chevelu de chenaux et de canaux baignant dans une atmosphère sauvage où le surnaturel semble guetter l'hôte qui s'y aventure...

Jean est catégorique : « Si vous voulez faire connaissance avec le marais et le lac, y a pas d'autre solution, faut que je vous invite à bord de ma plate. » Jean est un ancien pêcheur professionnel à la senne, Grand-Lieu est sa seconde maison, il en connaît tous les secrets, tous les pièges, les légendes. Ce matin-là, les berges de la Boulogne à Saint-Philibert-de-Grand-Lieu, rivière qui alimente le lac avec la Tenu et l'Ognon, sont couvertes d'un givre blanc épais. Au thermomètre s'affiche - 2 °C. Le moteur de la barque toussote et a du mal à prendre son rythme métronomique. « On va claquer des dents, mais c'est quand il est bien en eau qu'il est le plus intéressant », précise Jean. Et de m'expliquer que le marais, le second plus grand marais de France après la Camargue, peut doubler sa superficie entre le cœur de l'été et la période hivernale. La barque fend le ruban aquatique, un impressionnant monde silencieux où seuls hérons, spatules blanches et des migrateurs en instance de départ nous signalent leur présence.

La morsure du frimas est impitoyable, cependant la magie du lac partiellement gelé en efface les effets. Sur ma gauche, je devine plus que je ne vois le haut clocher de l'église de Saint-Lumine-de-Coutais. Étouffé par la couche de brouillard, je crois même entendre le son de son carillon. Jean esquisse un sourire. « Ce ne sont pas les cloches de Saint-Lumine que vous entendez, mais

Page de gauche

Fermant le pays de Retz sur son flanc est, le lac de Grand-Lieu est le second plus vaste marais de France, juste après la Camargue.

Une poignée de pêcheurs vivent encore de la pêche aux anguilles.

plutôt celles d'Herbauges… » Herbauges ? « Oui, Herbauges, la cité engloutie. »

Au beau milieu du lac de Grand-Lieu se dressait la belle ville d'Herbauges. Au ve siècle, l'évêque de Nantes, saint Félix, ordonne à saint Martin de Vertou, un jeune et déterminé archidiacre, d'aller porter la bonne parole de l'Évangile aux populations du sud de la Loire. Une ville, sorte de nouvelle Sodome où règnent paganisme et débauches morales selon l'Église, devra être l'objet de ses prêches les plus fervents. Il s'agit d'Herbauges. Saint Martin va déployer une ferveur sans bornes pour ramener les âmes égarées dans le droit chemin. En vain, la population reste hermétique. Épuisé, contrarié, le saint homme implore Dieu en aide. Le châtiment divin tombe, Herbauges disparaîtra sous les eaux un soir de fête et d'insouciance. La cité sombre effectivement corps et biens, sauf un couple qui, ayant accueilli saint Martin à son arrivée, est épargné. Cet acte de clémence s'assortissait néanmoins d'une condition : le couple devait fuir sans se retourner sur son passé. Romain, un homme simple et pauvre, tient son engagement, mais la femme ne parvient pas à résister à la tentation. *Ipso facto,* elle se pétrifie, à l'imitation de l'épouse de Loth dans la *Genèse*, en une roche granitique. Son époux subira finalement le même sort.

La légende raconte également que sur une petite île émergeant à la surface du lac (dont on ne trouve pas de trace avérée de nos jours), une haute pierre levée servirait de bonde au gouffre d'où jailliront les eaux tueuses. Gare au mortel qui tenterait d'ôter le mégalithe, un terrible géant sommeillerait au tréfonds du gouffre…

Une nouvelle fois, à la source de cette légende se retrouvent un conte chrétien aux références bibliques et des croyances et mythes immémoriaux celtiques (cités englouties, géant, pouvoir des mégalithes).

Dès lors, la nuit de Noël, monte des profondeurs du lac de Grand-Lieu le son des cloches annonçant les douze coups de minuit. Et n'allez pas suggérer que ce sont plus probablement les cloches des églises de Nantes, dont le vent porte la musique, qui abuseraient notre perception… Un dicton populaire remet vite les pendules à l'heure : « Quand Herbauges renaîtra, Nantes disparaîtra. »

CLISSON, UN RÊVE D'ITALIE RÉALISÉ...

D'un côté, il y a les hommes qui rêvent et qui ne s'autorisent jamais d'aller plus loin. De l'autre, les mêmes rêveurs, mais qui osent aller voir à quoi ressemble l'envers du décor de leurs rêves les plus fous. Deux frères nantais, François et Pierre Cacault, au tout début du XIXe siècle, vont concrétiser leur rêve d'Italie en remodelant une ville entière au cœur du pays nantais.

Pier-Luigi Mara est un architecte romain, spécialiste de l'architecture rustique toscane. Fasciné par cette « aventure tivolienne en pleine campagne nantaise », il s'est proposé de nous guider dans notre découverte. Sur les bords de la Sèvre Nantaise, la végétation arbore une physionomie des plus méditerranéennes : pins maritimes, peupliers d'Italie, platanes majestueux et même quelques touffes d'oliviers. Pier-Luigi resitue la genèse de ce paysage qui, l'on s'en doutait, ne doit rien à un effet « génération spontanée ». En fait, l'aventure toscanisante de Clisson débute à la fin de la Révolution française, en 1798. Les guerres de Vendée ont ravagé toute la contrée, Clisson en tête. Les soldats des généraux Hoche et Turreau laissent la cité exsangue. Deux Nantais, le peintre Pierre Cacault et son frère François, diplomate, collectionneur d'art et sénateur du département,

Oui, vous êtes bien en Bretagne, à Clisson, qui a bien mérité son surnom de « Tivoli-sur-Sèvre ».

En bas
Les temples de Vesta et de l'Amitié.

décident de faire partager leur passion pour l'Italie. Ils fondent à Clisson, où les rives nonchalantes de la Sèvre leur rappellent les alentours de Tivoli (là où se trouvent la villa d'Este et ses extraordinaires jardins), une sorte de musée-école où sont regroupées les collections de François. Nombre d'artistes se déplacent à Clisson et y prennent une « grande bouffée d'Italie ».

Les frères Cacault veulent reconstruire la ville, lui offrir un écrin autre que les ruines qui sont son quotidien. François-Frédéric Lemot (1771-1827), sculpteur lauréat du grand prix de Rome, adhère à ce projet déraisonnable. Sur un coup de foudre, il acquiert le bois de la Garenne, ancienne réserve de chasse des seigneurs de Clisson, et le vieux château fort (XIIIe-XIVe siècles).

Avec Pier-Luigi nous grimpons la pente du coteau en surplomb de la rivière, face à la ville, il commente : « On arrive à la villa Lemot qui va voir le jour à partir de 1824. C'est le type même de la villa néoclassique d'inspiration palladienne : symétrie de la façade (côté Sèvre), galerie à arcades en plein cintre, loggia, bustes à l'antique, colonnade en hémicycle. Plus frappant encore est la maison du Jardinier, située à l'entrée du domaine, où l'artiste aménagea son atelier. C'est une architecture "copier-coller" du *castello toscano*, dit également *casa colonica toscana*, peuplant la campagne toscane : plusieurs corps de bâtiments, un logis de maître, des dépendances, haute tour-pigeonnier. C'est le règne des petites briques appareillées, de la tuile canal. Il sut s'entourer d'architectes d'exception, comme Mathurin Crucy (créateur du théâtre Graslin à Nantes et restaurateur de Saint-Pierre de Rome) pour donner la vie à ce Tivoli-sur-Sèvre ! »

Le parc de la Garenne-Lemot constitue également un vrai voyage. Conçu comme un lieu de méditation et d'inspiration artistique, il multiplie les « fabriques », « folies », rochers et grottes artificielles, vrais-faux vestiges de l'Antiquité, temples (celui de Vesta est une réplique quasi fidèle du temple de Tivoli original ; quant à celui de l'Amitié, il commémore le souvenir des frères Cacault et deviendra chapelle funéraire de Lemot à sa mort en 1827), colonnes, bornes, statues... le tout faisant référence à la campagne romaine. « Le parc, souligne Pier-Luigi, visait un point : sublimer l'esprit de l'architecture de Tivoli. À admirer cette nature ordonnée, idéalisée, empreinte d'harmonie sereine, je ne peux que songer à certaines grandes toiles de la série des *Quatre saisons* de Nicolas Poussin... »

La ville même de Clisson va céder à l'italianisation de son cadre de vie. Chaque nouveau Clissonnais se bâtit une demeure néoromaine, avec force briques et tuiles canal, deux matériaux pas chers et qui se travaillent assez facilement. Les maisons de la Garenne-Lemot servent de catalogue raisonné de ce qu'il est possible de faire. L'engouement est si fort que les fermes alentour, les filatures et tanneries, les relais de poste se raccordent parfaitement à l'ambiance romaine.

Mosaïque et statue dans le parc de la Garenne-Lemot.

Dans un vaste parc, le temple de Jérusalem juxtapose un chemin de croix aux personnages grandeur nature, digne d'une reconstitution hollywoodienne, et des grottes, une chapelle…

PONTCHÂTEAU ET LE TEMPLE DE JÉRUSALEM

À une quarantaine de kilomètres au nord-ouest de Nantes, à la sortie du bourg de Pontchâteau, le hameau de La Madeleine possède, au cœur de la campagne bocagère et de la lande du pays nantais, un temple de Jérusalem aux biens curieuses origines.

« Comme tous les mercredis et samedis que le Seigneur fait », Raymonde gare sa voiturette sans permis à l'entrée du temple de Jérusalem. Son petit nécessaire ménager et jardinier en bandoulière, elle franchit le seuil de ce lieu sacré après s'être signée à trois reprises. À petits pas saccadés, elle s'engage dans les allées sablées, bordées d'arbres et de bosquets. Raymonde est ici chez elle, pardon « chez notre Sauveur ». La première halte de son « chemin de croix ménager », sourit-elle, est pour la chapelle. Suivront les grottes de Bethléem, de l'Agonie, d'Adam, les maisons de Nazareth et de la Visitation, le Temple... En tout près de trente stations.

Quelques vigoureux coups de balayette par-ci, des fleurs coupées par-là, Raymonde se recueille beaucoup plus longuement une fois arrivée à la scène de la Crucifixion qui couronne le sommet d'une butte, peuplée d'une inattendue statuaire de pierre représentant des personnages grandeur nature !

La naissance du temple puise sa source dans une histoire au parfum de miracle... Nous sommes en l'an 1673. Une belle journée de printemps s'achève quand brusquement le ciel devient noir, et le tonnerre gronde bientôt à des kilomètres à la ronde. Puis, apparaissent dans les cieux d'immenses croix enveloppées

d'étendards blancs immaculés, tandis que la voix des anges retentit. Peu après cette manifestation céleste imprévisible naît le petit Louis-Marie Grignion de Montfort. Voir le jour sous de pareils auspices ne pouvait que prédestiner notre petit d'homme à une vocation de sainteté.

Effectivement, il deviendra père missionnaire et prédicateur de talent, fondera des ordres religieux toujours présents dans le monde[1] et consacrera une partie de sa vie à édifier son temple de Jérusalem. Son œuvre restera inachevée car l'évêque de Nantes et « les services secrets du Roi-Soleil » convainquirent Louis XIV qu'il se déroulait des choses bien peu catholiques à Pontchâteau. Suspecté de donner refuge à des jansénistes, voire de nourrir quelque sympathie pour les Anglais, le monarque fit fermer le chantier du temple.

Il faudra patienter jusqu'en 1822 pour que le recteur de Pontchâteau, l'abbé Gouray, apporte la touche finale au lieu. Mais l'esprit ascétique de son créateur est profondément altéré et le temple de Jérusalem revêt une touche « parc de loisirs » et décor en carton-pâte.

De nos jours, dans ce « Jérusalemland » d'une quinzaine d'hectares, les prêtres montfortains (qui résident près du site) organisent des rassemblements religieux réunissant des centaines de pèlerins.

Derrière les hauts murs du temple de Jérusalem, les pères monfortains maintiennent vivant cet étonnant lieu de pèlerinage.

1. La famille montfortaine compte les congrégations des Filles de la Sagesse, les Frères Saint-Gabriel, les Oblats de la Sagesse et la Compagnie de Marie (ordre des Pères montfortains). Grignion de Montfort, mort d'épuisement à l'âge de 43 ans, est le fondateur de ces ordres. Il sera canonisé en 1947.

Dans ce pays « où la Bretagne vient expirer dans la plaine », il y a six siècles, un monstre pervers et sanguinaire terrorisa, avec sa bande de sinistres complices, toute la population alentour. Ce criminel, l'un des plus cruels de tous les temps, s'appelait Gilles de Rais. Combien d'âmes innocentes succombèrent à ses supplices derrière les murailles de la forteresse de Machecoul ?

MACHECOUL, LE CHÂTEAU DES DAMNÉS

Machecoul est marqué du sceau d'un des plus terrifiants tueurs en série que la terre porta, Gilles de Rais.

Gilles de Montmorency-Laval, baron de Rais, dit aussi Gilles de Rais, voit le jour en 1404. La guerre de Cent Ans bat son plein. Très tôt, il devient un combattant émérite. En 1429, il se retrouve aux côtés de Jeanne d'Arc lors de la prise d'Orléans et est sacré maréchal de France à l'âge de 25 ans. Arrière-petit-fils du connétable Bertrand Du Guesclin, apparenté à la famille royale de France et à la dynastie ducale de Bretagne, il est un des plus riches et puissants seigneurs du royaume. Après l'échec du siège de Paris avec Jeanne d'Arc, il se retire en ses châteaux de Machecoul et de Tiffauges. Perturbée par les cruautés de la guerre, gardant de vives cicatrices d'une enfance blessée, l'âme noire de Gilles de Rais va s'abandonner aux plus viles perversions et démentes cruautés. Il se lie d'amitié avec un éphèbe florentin, un dénommé François Prelati, moine défroqué se prétendant alchimiste. Bientôt, dans le secret des caves du château, les deux hommes évoquent les démons, cherchent à percer le mystère de la pierre philosophale, s'acharnent à transformer le plomb en or. Mais les obsessions et les transgressions du maréchal de Rais ne vont pas s'arrêter là. Dès 1432, les premières disparitions d'enfants sont signalées dans les environs de Machecoul. Ce seigneur, incroyable dévot, se révèle aussi être un pervers sexuel, massacreur de fillettes et de garçonnets, dont il fait offrande de sang à Satan. Tout le pays de Retz vit dans la terreur. Des soupçons pèsent sur le baron, mais sa toute-puissance et sa noble naissance l'épargnent. Jusqu'au jour du 24 août 1440, où le duc de Bretagne ordonne la prise du château fort de Machecoul, à l'intérieur duquel se sont réfugiés Gilles de Rais et ses âmes damnées.

Incarcéré au château de la Tour-Neuve à Nantes, il comparaît devant le tribunal ecclésiastique et le tribunal séculier. Condamné à mort pour le meurtre de cent quarante enfants, Gilles de Rais est conduit le 26 octobre 1440 sur le lieu du supplice, devant une foule immense. Une fois pendu, on jeta sa dépouille au feu et, avant que le corps ne soit totalement consumé, on le plaça dans son cercueil. Gilles de Rais fut inhumé en l'église Notre-Dame-du-Carmel de Nantes.

Bibliographie

BALCOU Jean (texte), HERVOCHE Jean, *Le Légendaire breton*. Les lieux, Christian Pirots Éditeur, 2002.

BOUËT Alexandre, PERRIN Olivier, *Breizh Izel, la vie des Bretons de l'Armorique*, Seghers, 1986.

CAMBRY Jacques, *Voyage dans le Finistère*, Paris, 1798.

DAGIER Patricia, QUÉMÉNER Hervé, *Au bout de la route... la Bretagne*, Éditions An Here, 1999.

DÉCENEUX Marc, *Bretagne sacrée et légendaire*, Éditions Ouest-France, 1996.

ÉVEILLARD James, HUCHET Patrick, *Croyances et superstitions en Bretagne*, Éditions Ouest-France, 2004.

GANCEL Hippolyte, *Les saints qui guérissent en Bretagne* (2 tomes), Éditions Ouest-France, 2001.

GLOT Claudine, TANNEUX Marie, *Contes et légendes de Brocéliande*, Éditions Ouest-France, 2002.

HÉLIAS Per Jakez, *Le Cheval d'orgueil*, coll. Terre Humaine, Plon, 1975.

Bretagne aux légendes : la mer, 1967.

HERSART DE LA VILLEMARQUÉ Théodore, LAURENT Donatien, *Aux sources du Barzaz Breiz, la mémoire d'un peuple*, Éditions Le Chasse-Marée/ArMen, 1987.

HUCHET Patrick, *Les Plus Belles Légendes des mégalithes en Bretagne*, Éditions Ouest-France, 2001.

LAMEZEC Annick, *Le Diable en Bretagne dans la tradition populaire*, Éditions Skol Vreizh, 1993.

LAURENT Donatien, TRÉGUER Michel, *La Nuit celtique*, Terre de Brume.

LE BRAZ Anatole, *La Légende de la mort en Basse-Bretagne*, Champion.

Œuvre intégrale, coll. Bouquins, Omnibus.

LE BRIS Michel, *Ys dans la rumeur des vagues*, Artus, 1985.

LE GRAND Albert, *La Vie des saints de la Bretagne armorique*, Brest, 1837.

LE SCOUËZEC Gwenc'hlan, *Le Guide de la Bretagne. La Bretagne mystérieuse,* Coop Breizh, 1977.

LUZEL François-Marie, *Contes et récits populaires des Bretons armoricains*, PUR et Terre de Brume, 1996.

Légendes chrétiennes de Basse-Bretagne, PUR et Terre de Brume, 2001.

Contes de Basse-Bretagne, Éditions Ouest-France, 2007.

MORVAN Françoise, *Vie et mœurs des lutins bretons*, Actes Sud, 1998.

POULAIN Albert, *Sorcellerie, croyances et revenants en Haute-Bretagne*, Éditions Ouest-France.

REBILLÉ Edmond, *Splendeurs et légendes de la Bretagne secrète*, Éditions Jos, 2000.

SÉBILLOT Paul, *Contes populaires de la Haute-Bretagne*, Terre de Brume, 1998.

Traditions et superstitions de la Haute-Bretagne, Maisonneuve et Larose, 1967.

Remerciements

Dastum, à Rennes
Dodik Jégou, de la Maison internationale des poètes et des écrivains de Saint-Malo
Centre de l'Imaginaire arthurien à Concoret
Olivier Bouze, spécialiste en collections (Clichés du passé à Marseille)
Centre de recherche bretonne et celtique de Brest

Table des matières

Carte générale - 2

Avant-propos - 4

Ille-et-Vilaine - 7

Rochers sculptés de Rothéneuf, un abbé enlumineur de granit - 7
Le mont Dol - 12
La maison ensanglantée du val de Rance - 14
Château de Combourg, un chat maléfique, une jambe de bois fantomatique et un vampire de pierre - 16
Les saints laïcs : chacun cherche son saint... - 20
La Selle-Guerchaise, le pagodon à Sainte-Anne - 25
Brocéliande, la forêt aux merveilles - 26
La Roche-aux-Fées, le souvenir des bonnes fées - 34

Côtes-d'Armor - 37

Guerlédan, la vallée ennoyée - 37
Corseul, métropole des Curiosolites - 40
Et tournent les roues de fortune - 41
Le Ménez-Bré, la « montagne sacrée du Trégor » - 44

Finistère - 49

Les monts d'Arrée, voyage aux « portes de l'enfer » - 49
Les pilleurs d'épaves du pays Pagan - 54
Le linceul de sable d'Iliz-Koz - 60
Tévennec, maudit destin ! - 62
Cairn de Barnenez, le sommet de l'île des saints - 63
L'Ankou, la mort familière - 64
Huelgoat, les secrets de la « haute forêt » - 68
Aber-Wrac'h, un pont né d'un pacte diabolique - 74
Ménez-Hom, la montagne aux sortilèges - 76
Presqu'île de Crozon, les sentinelles de pierre du bout du monde - 82
La « marmite de l'enfer » de la baie des Trépassés - 88
Château de Keriolet, le château qui ne voulait pas mourir... - 91
Le prêtre-fantôme du château de Rustéphan - 94

Morbihan - 97

Avec les géants de pierre de Locmariaquer - 97
Belle-Île-en-Mer, naturellement légendaire - 102
Château Turpault et les Birvideaux - 104
La Vénus sauvée des eaux ! - 106
L'ermitage Saint-Gildas et le culte de la pierre noire - 108

Loire-Atlantique - 111

Herbauges, la cité engloutie - 111
Clisson, un rêve d'Italie réalisé... - 113
Pontchâteau et le temple de Jérusalem - 116
Machecoul, le château des damnés - 118

Bibliographie - 119

Remerciements - 119

Editions OUEST-FRANCE
Lille - Rennes

Éditeur Anne Cauquetoux
Coordination éditoriale Solenne Lambert
Conception Studio des Éditions Ouest-France
Cartographie Patrick Mérienne
Mise en page et photogravure Graph&ti, Cesson-Sévigné (35)
Impression Imprimerie de Champagne, Langres (52)

ISBN 978-2-7373-6310-8 • N° d'éditeur 7414.03.01.02.16
Dépôt légal : mai 2014
Imprimé en France
www.editionsouestfrance.fr